フローチャートで よくわかる

市民課 窓口 マニュアル

横関 進 著

日本加除出版株式会社

はじめに

　この市民課窓口マニュアルは職員の皆さんが初めて市民課に配属された時に，役に立つよう作成しました。

　4月に人事異動等で市民課に配属された皆さんは，市民課窓口での混雑状況や先輩方の忙しく動き回る姿を見て，大変な職場だと感じられたと思います。

　皆さんは不安で一杯だと思いますが，早く市民課の仕事に慣れることができるよう，このマニュアルを作成しました。

　また，このマニュアルは市民課事務の一部委託を受託している社員の方にも役立つよう解説しています。

　このマニュアルが皆さんのお役に立つことができれば市民課 OB として望外の喜びです。

　市民サービスの向上に向けた皆さんのご健闘をお祈りしております。

　本書の編集にあたり日本加除出版株式会社前田敏克氏，野口健氏からアドバイスや御援助を賜りましたことを深く感謝申し上げます。

　2022 年 8 月

横関　進

この市民課窓口マニュアルの特徴と注意点

（特徴）

○皆さんが即戦力になれるよう説明しています。

　　この市民課窓口マニュアルは，職員の皆さんが４月の人事異動で市民課に配属された際に即戦力になれるよう説明しています。

○最初に実務について説明しています。

　　皆さんが即戦力になれるよう，最初に実務を行う①証明書交付事務②住民基本台帳の一部の閲覧事務③住民異動届等の受付事務を説明しています。

　　加えて，各事務のフロー図を最初に記載して，全体のイメージがつかめるようにしています。

○基礎知識を後半で説明しています。

　　実務を一通り覚えた後で基礎知識編を学習すれば，より市民課の仕事の理解が深まると思います。

○委託業者の担当者も理解できるよう工夫しています。

　　窓口事務の一部委託にも対応できるよう，市区町村職員が対応した場合，委託業者と職員が対応した場合の２パターンを表示しています。

　　これにより，民間事業者の担当者も容易に理解できるよう工夫しています。

○図や表を多用して，分かりやすさを追求しています。

　　この市民課窓口マニュアルでは，初級者の職員が理解しやすいよう，図や表を多く用いています。

○このマニュアル内で図や表から参照できるようにしています。

　　図や表の中に参照ページを記載して，説明文や基礎知識編との関連を検索できるようにしています。

　　このことにより，事務の内容の理解が進むとともに，関連箇所を見つけやすいよう工夫しています。

（頁参照）

　市民課業務編の○頁を参照　⇒　（○頁）

　基礎知識編の○頁を参照　⇒　【○頁】

（注意点）

○この市民課窓口マニュアルは戸籍届出事件の受付については記載していません。

○このマニュアルは初心者を対象としていますので，原則的な手続きのみを記載しています。例外的な取扱いは別途お調べください。

○このマニュアルは令和4年4月1日までの法律改正等を盛り込んで記載しています。

○市区町村が異なると市民課窓口の運用も異なる場合があります。

　　本マニュアルの内容は尼崎市などの取扱いをもとに作成しています。

　　各市区町村の市民課は必ずしも全国的に統一した窓口事務運用等を行っていません。

　　具体的な各市区町村窓口の実務運用等につきましては，各市区町村の作成している要綱・要領・運用マニュアル等に従って進めていただくことになります。

　　文中の意見にわたる部分は，筆者の私見であることをあらかじめお断りしておきます。

目　次

🖇 市民課業務 編 ── 1

第1　証明書交付 ────────────────── 6

❶ 印鑑登録証明書の交付 ──────────────── 6

❷ 住民票の写し等の交付 ─────────────── 15

❺ 戸籍謄抄本等の交付 ——————————————————— 55

第2　閲覧 ——————————————————————— 77

❶ 住民基本台帳の一部の閲覧 ——————————————— 77

第3 届出受付 ─────────────────────── 85

❶ 印鑑登録・廃止届 ─────────────────── 85

📎 基礎知識 編 —— 155

❶ 行政行為について ——————————————————————— 156

❷ 個人情報保護対策 ——————————————————————— 159

❸ 戸籍謄抄本等交付業務に係る基礎知識（地番，住居表示を含む）——— 166

市民課業務 編

1　市民課の仕事と関係する法律とは

　市民課の事務には，一般的に，戸籍に関する事務，住民基本台帳に関する事務，印鑑登録に関する事務，中長期在留者・特別永住者に関する事務，マイナンバーカード交付等に関する事務があります。

　支所や出張所の市民課では，上記に加えて税務事務，国保・年金事務等も行っています（尼崎市など）。

　市民課に人事異動をした場合は，最初に窓口事務に従事して，慣れてきたら内部事務に従事することが多いようです。

　市民課事務は下の図のとおり，窓口での受付事務（窓口事務）と内部事務に分けることができます。

1　住民票等証明交付・住民異動届受付窓口
①　戸籍謄抄本・住民票の写し・戸籍附票の写し・印鑑登録証明証等の証明書交付事務
②　印鑑登録事務，住民の転入・転出等の住民異動を受け付ける事務，マイナンバーカード交付事務　等
2　戸籍届受付事務（戸籍係）
出生届・死亡届・婚姻届・離婚届等の戸籍届受付事務

（上記：窓口事務）

1　住民異動届入力・確認等の内部事務
2　戸籍届入力・確認等の内部事務
3　電算システムの運用管理事務
4　予算・決算，消耗品等発注，出勤管理等の庶務事務

（上記：内部事務）

　また，市民課で取り扱う法律には，次頁のような法律や条例等があります。

　各事務の説明の中でどの法律が適用されるか説明していますので，参考程度に見ておいてください。

市民課窓口

（市民課窓口事務で知識が必要な法制度）

民法（親族法・相続法）	戸籍法	住民基本台帳法	法律）ための番号の利用等に関するおける特定の個人を識別するマイナンバー法（行政手続に	出入国管理及び難民認定法	印鑑登録条例・規則	条例等その他の法律・通知・先例・
【175頁〜】【166頁〜】	（55頁〜）	（15頁〜）（77頁〜）（116頁〜）	（139頁〜）【191頁〜】	（135頁〜）	（6頁〜）（92頁〜）	【156頁〜】【184頁〜】【200頁〜】

2 市民応接の基本

市民課には様々な用件を持った市民が来られます。

急いでいる人，ゆっくり市役所に来ている人，手続きに精通している人，どのような手続きを行えばよいのか不安に思っている人，若い人，高齢の人など様々です。

市民応接に際しては，市民の満足度が高くなるような対応をするべきですが，様々な理由により，聞き違いや説明不足，トラブルも発生しています。

こうした，問題が生じていることを認識しながら，少しでも市民満足度を高めるよう努めましょう。

市民課に人事異動した初任者は次のことに留意して市民応接を進めてください。

対応方法	注意点	説明
挨拶をする。	「おはようございます。」，「こんにちは。」，「何かお困りですか。」と言葉で明るく笑顔の挨拶をします。	市民との最初の接点は挨拶です。挨拶が上手くいきますと，市民から窓口に来た用件や手続きについて聞くことが容易になります。
市民の用件を丁寧に聞く。	具体的に市民の用件を聞きます。このときに，思い込みをせず，丁寧に聞くことが求められます。	窓口で何回も同じ事務をしていますと，今回も同じ用件だと思い込みをする場合があります。市民によって用件は違うということを基本に丁寧に聞くことが求められます。
市民の用件に対して的確に判断を行う。	市民は市民課に各種証明書や住民異動届，戸籍届等の申請に来られます。また，税や国民健康保険，後期高	自分で答えることができる部分は市民に分かりやすく説明してください。分からない部分は先輩等にバトンタッチをお願いして，説明してもらいます。

	齢者医療制度，福祉関係の手続き等についても聞かれることがあります。	その際には，先輩がどのような説明をしているのか勉強することも大切です。
市民の用件が終わったら，最後の確認を行う。	市民の窓口での用件が終わったときでも，要件は全て終わられましたかと確認してください。	複数の用件を抱えて市民課に来られる高齢者の中には，他の用件を忘れている場合があります。最後に要件は全て終わられましたかと確認してください。

3　即戦力としてできる市民課窓口の証明書交付事務

　皆さんが4月1日に市民課窓口に配属されて挨拶に来た際は，市民の方で窓口は混雑している状態です。何か先輩のお手伝いをしたいのですが，何から取り組んでいいのか分かりません。

　そこで，短期間で即戦力となれるよう4種類の証明書交付事務（印鑑登録証明書，住民票の写し，戸籍の附票の写し，戸籍謄抄本等）について説明します。

　少し窓口が落ち着く4月中頃までは，証明書交付を作業と割り切ってください。

　また，分からないことや問題が起こったら，すかさず先輩にバトンタッチしても大丈夫です。

　難しい法的な関係やシステムの構成は落ち着いたときに勉強できますので，その時に質問ができるよう疑問点や問題点をメモしておくことも1つの方法です。

　皆さんが最初にするべきことを順に記載します。

① **各システムへの個人認証登録**

　住民記録システムと戸籍情報システムのパスワード登録（市区町村によっては指紋認証，静脈パターン認証，顔認証等の生体認証を行っています。）を行います。必要があれば，住民基本台帳ネットワークシステム端末やマイナンバー総合端末への登録も行います。

② **印鑑登録証明書の交付事務を勉強し，窓口で実践します。**

　市民課の証明書交付事務の中で印鑑登録証明書の交付事務は最も簡単な事務です。

　窓口に異動してすぐに即戦力になることができますので，確実に理解してください。

③ **住民票の写しの交付作業を勉強し，窓口で実践します。**

　住民票の写しの交付作業は，印鑑登録証明書と比較して難易度は高くなります。住民票の写しの交付制限や本人確認についてはしっかり勉強してください。

　印鑑登録証明書と住民票の写しの交付ができれば，混雑時の窓口で大きな戦力になることができます。

④ **住民票の写しの交付作業と並行して，広域交付住民票の写しの交付を勉強します。住民票の写しの交付が理解できれば，すぐに取り組めます。**

　住民票の写しは，その市区町村の区域内に住民登録されていることを公証する証明書です。これに対して，広域交付住民票の写しは，他市区町村に住民登録されている

ことを公証する証明書です。

⑤　戸籍の附票の写しの交付作業を勉強し，窓口で実践します。

　戸籍の附票の写しの交付事務は，住民票の写しの交付事務と似ている部分が多くあります。

　事務の難易度は住民票の写しの交付事務と同程度です。住民票の写しの交付事務を思い出して，比較しながら勉強してください。

⑥　戸籍謄抄本等の交付事務を勉強し，窓口で実践します。

　４つの証明の交付の中では最も難しい証明です。

　色々な種類の戸籍謄抄本等がありますので，じっくり勉強することが求められます。

⑦　証明書の交付ではありませんが，住民基本台帳の一部の写しの閲覧も警察等から依頼がきます。対応の仕方も覚えてください。

　以上の証明書交付等事務ができれば，窓口での市民対応に少し安心感が出てきます。

　さあ，これから具体的に証明書の交付等事務を勉強し，窓口で応対します。少し上達したら，印鑑登録届や住民異動届にも進んでください。

　皆さんのご活躍を期待しています。

第1 証明書交付

① 印鑑登録証明書の交付

　最初に印鑑登録証明書の交付を学習します。

　印鑑登録証明書とは，個人が押印した印鑑の形状（台紙に押印した形状）を市区町村に登録することにより，その印鑑を押印した者が本人であるということを証明する公文書です。

　市区町村が行う印鑑登録証明書には2つの種類があります。

　1つ目は，個人が不動産登記や会社設立登記などで提出する印鑑登録証明書，2つ目は，認可地縁団体印鑑の印鑑登録証明書です。

　法人及び役員の印鑑登録及び証明は法務局で行います。

　このマニュアルでは市民課が行っている個人の印鑑登録証明書の交付について説明していきます。

職員が行う印鑑登録証明書交付の流れ図

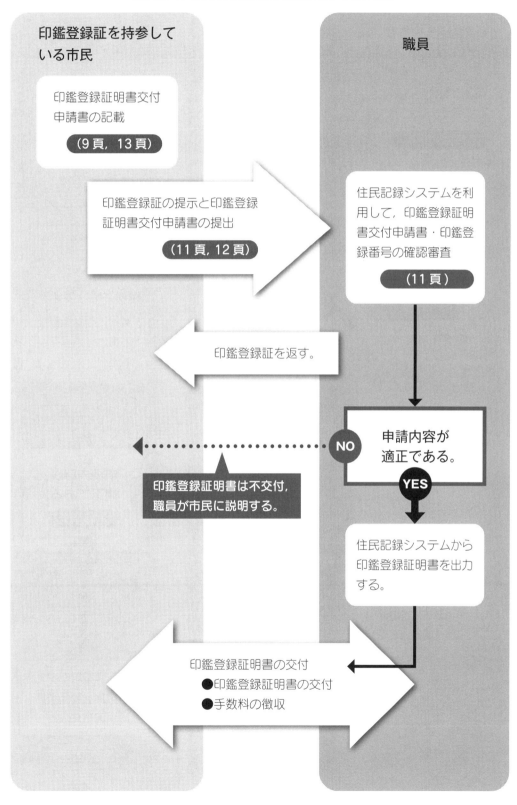

印鑑登録証を持参している市民

職員

印鑑登録証明書交付申請書の記載
（9頁, 13頁）

印鑑登録証の提示と印鑑登録証明書交付申請書の提出
（11頁, 12頁）

住民記録システムを利用して，印鑑登録証明書交付申請書・印鑑登録番号の確認審査
（11頁）

印鑑登録証を返す。

申請内容が適正である。

NO

YES

印鑑登録証明書は不交付，職員が市民に説明する。

住民記録システムから印鑑登録証明書を出力する。

印鑑登録証明書の交付
●印鑑登録証明書の交付
●手数料の徴収

——　委託業者と職員が行う印鑑登録証明書交付の流れ図　——

印鑑登録証を持参している市民	委託業者	職員

印鑑登録証を持参している市民

印鑑登録証明書交付申請書の記載
（12頁，13頁）

印鑑登録証明書交付申請書の提出，印鑑登録証の提示
（12頁）

印鑑登録証を返す。

印鑑登録証明書は不交付，職員が市民に説明する。

印鑑登録証明書の交付
● 印鑑登録証明書の交付
● 手数料の徴収

委託業者

住民記録システムを利用した印鑑登録証明書交付申請書・印鑑登録番号の確認
確認の結果，登録している情報と一致すれば住民記録システムから印鑑登録証明書を出力する。
（12頁）

職員

職員に印鑑登録証明書と申請書を引き継ぐ

申請内容が適正である。
（12頁）
NO
YES

印鑑登録証明書と申請書を委託業者に引き継ぐ

1　印鑑登録証明書の根拠法令・端末機等

項目	説明
根拠法令	各市区町村で印鑑登録条例・規則を制定して印鑑登録証明書を交付しています。
操作する端末機	住民記録システムの印鑑登録証明書交付画面から操作します。
窓口事務の一部委託	印鑑登録証明書の受付・交付補助は窓口事務の一部委託が可能です。
マイナンバーカード	マイナンバーカードの電子証明書（利用者証明用の電子証明書）を活用した印鑑登録証明書のコンビニ交付サービスを実施している市区町村が多くあります。条例を改正してマイナンバーカードを印鑑登録証の代わりに窓口で使用できる市区町村もあります。
個人情報保護対策	各市区町村の印鑑登録条例，個人情報保護に関する法律等により個人情報保護が担保されています。

2　印鑑登録証，印鑑登録証明書交付申請書，印鑑登録証明書の説明

　各市区町村の印鑑登録証，印鑑登録証明書交付申請書，印鑑登録証明書の雛形は各市区町村の印鑑登録条例及び規則で定められています。

⑴　印鑑登録証

　市区町村は，印鑑登録が完了すると申請者に印鑑登録証（カード・プラスチック製）を交付します。

　市民が印鑑登録証明書の交付を申請する場合には，必ずこの印鑑登録証を窓口に持参する必要があります。

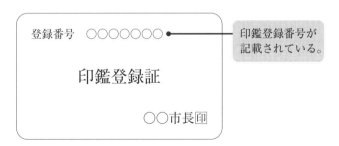

⑵　印鑑登録証明書交付申請書

　印鑑登録証明書の交付を申請する際に市民が提出する書類です。窓口のカウンターに常備されていて，市民が記載します。

（印鑑登録証明書交付申請書の例）

　※　印鑑登録証明書交付申請書の様式は各市区町村により違っています。

印鑑登録証明書交付申請書		

令和○年○○月○○日

○○市区町村長　あて

印鑑の登録番号	○○○○○○○
必要な枚数	枚
住　　所	○○県○○市町村
ふりがな 氏　　名	（　　　　　　　　　　） ○○　○○　　　　　　　　　　　　男・女
生年月日	生年月日　明・大・昭・平・西暦 　　　年　　月　　日

窓口に来られた方はどなたですか
（本人又は代理人に○をつけてください。）

窓口に来られた方	本　人
	代理人
	住　　所
	ふりがな 氏　　名

(3) 印鑑登録証明書

コピーを行うと「複写」の文字等が浮き上がるコピー防止用紙（改ざん防止用紙とも言います。）に印字されています。

（印鑑登録証明書の例）

印　鑑　登　録　証　明　書				

印　影	氏　　名	○○　○○		
㊞	生年月日	昭和○○年○○月○○日	性　別	○
	住　　所	○○県○○市町村		
	備　　考			

この写しは，登録された印影と相違ないことを証明する。

令和○年○○月○○日

○○県○○市長　　○○　○○　㊞

3　印鑑登録証明書の交付場所

印鑑登録証明書は，市区町村窓口・コンビニで交付しています。

　※　郵送での印鑑登録証明書の交付は，各市区町村の条例により窓口で印鑑登録証（カード）を

提示することが必要であるため行えません。

```
印鑑登録証明書の申請・交付
 ├─ 市区町村窓口での申請・交付
 │   〈申請できる者〉
 │   ・印鑑登録証（カード）を持参している本人又は代理人
 └─ コンビニ交付による印鑑登録証明書の自動交付
     〈申請できる者〉
     ・マイナンバーカード保持者（本人からの申請）
     ・印鑑登録をしている本人
```

(1)　市区町村窓口での交付

本庁，支所，サービスセンター，出張所の窓口で印鑑登録証明書を交付します。

(2)　マイナンバーカードを使ったコンビニでの交付

コンビニのキオスク端末を利用して印鑑登録証明書を交付します。

※　コンビニ交付を導入している市区町村に限ります。

4　職員が行う印鑑登録証明書の交付の説明

(1)　市民からの申請・受付

市民が，印鑑登録証明書交付申請書に印鑑の登録番号・必要な枚数・印鑑登録されている方の住所・氏名・生年月日を記載して，印鑑登録証とともに職員に提出します。

代理人の場合は代理人の住所・氏名も記載して印鑑登録証とともに職員に提出します。

(2)　書類審査

印鑑登録証明書交付申請書を受け付けた職員は，住民記録システムの印鑑登録証明書の交付画面で，印鑑の登録番号（印鑑登録証と一致しているかを確認する。）・印鑑登録されている方の住所・氏名・生年月日が一致しているかを確認します。

住民記録システムの情報と印鑑登録証明書交付申請書の内容が一致しない場合は，印鑑登録証明書は不交付とします。

(3)　印鑑登録証の返還

印鑑登録証を市民に返します。

⑷　**住民記録システム端末からの出力**

　印鑑登録証明書交付申請書の内容が住民記録システムの情報と一致した場合は交付画面から必要な枚数をプリンター出力します。

　その際に，印鑑登録証明書交付申請書の処理欄に受け付けた職員印又は署名を行います。

⑸　**レジで印鑑登録証明書の交付**

　会計窓口（レジ）で印鑑登録証明書の料金×枚数分を徴収し，印鑑登録証明書を交付します。

5　委託業者と職員が行う印鑑登録証明書の交付の説明

⑴　**市民からの申請・受付**

　市民が印鑑登録証明書交付申請書に印鑑の登録番号・必要な枚数・印鑑登録されている方の住所・氏名・生年月日を記載して，印鑑登録証とともに委託業者に提出します。

　代理人の場合は代理人の住所・氏名も記載して印鑑登録証とともに委託業者に提出します。

⑵　**書類の内容確認**

　受け付けた委託業者は，住民記録システム端末の印鑑登録証明書の交付画面で，印鑑の登録番号・印鑑登録されている方の住所・氏名・生年月日が一致しているか確認し，一致した場合は交付画面から必要な枚数をプリンター出力します。

　その際に，印鑑登録証明書交付申請書の業者処理欄に受け付けた委託業者の担当印又は署名を行います。

　委託業者は印鑑登録証明書交付申請書及び印鑑登録証明書を職員に引き継ぎます。

　※　住民記録システムの情報と印鑑登録証明書交付申請書の内容が一致しない場合は，委託業者は職員に一致していない旨を記載し職員に引き継ぎます。

⑶　**印鑑登録証の返還**

　印鑑登録証を市民に返します。

⑷　**職員の交付決定（不交付決定）**

　引き継ぎを受けた職員は，印鑑登録証明書交付申請書及び印鑑登録証明書の出力が適正であるか審査し，適正であれば交付決定を行い，委託業者に印鑑登録証明書交付申請書及び印鑑登録証明書を引き継ぎます。

その際に，確認欄に職員印又は署名を行います。また，個人情報を開示しないよう注意します。

　※　印鑑登録証明書交付申請書の内容が住民記録システムの情報と違う場合は，職員が印鑑登録証明書の不交付決定を行い，市民に説明します。

⑸　**会計**

　委託業者が会計窓口（レジ）で印鑑登録証明書の料金×枚数分を徴収し，印鑑登録証明書を交付します。

6　印鑑登録証明書交付申請書の記載する範囲

⑴　**本人が申請する場合**

　○で囲んだ部分が市民に記載していただく欄です。

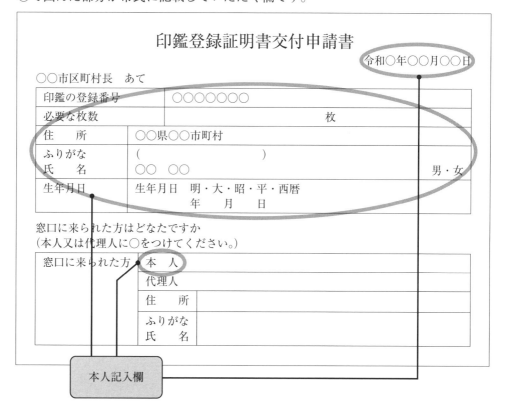

印鑑登録証明書交付申請書

令和○年○○月○○日

○○市区町村長　あて

印鑑の登録番号	○○○○○○○	
必要な枚数	枚	
住　所	○○県○○市町村	
ふりがな 氏　名	（　　　　　　　　　） ○○　　○○	男・女
生年月日	生年月日　明・大・昭・平・西暦 　　　　年　　　月　　　日	

窓口に来られた方はどなたですか
（本人又は代理人に○をつけてください。）

窓口に来られた方	本　人		
	代理人		
	住　所		
	ふりがな 氏　名		

本人記入欄

(2)　代理人が申請する場合

○で囲んだ部分が市民に記載していただく欄です。

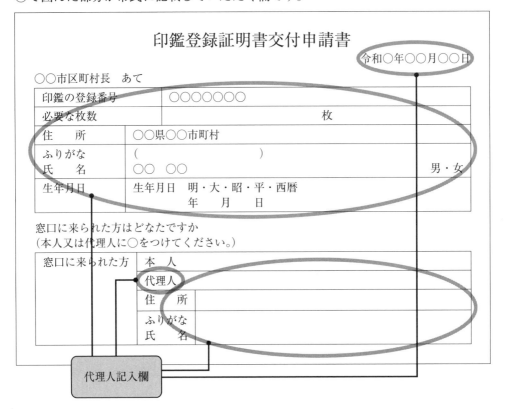

❷　住民票の写し等の交付

　印鑑登録証明書の交付に続いて住民票の写し等の交付を学習します。

　住民票の写し等とは，その市区町村の区域内に住んでいる住民が住民基本台帳に登録されていることを公証する証明書です。

　住民票の写し等には，住民票の写し，広域交付住民票の写し（34頁で説明します。），除住民票の写し，改製原住民票の写し，住民票記載事項証明書，不在住証明書があります。

　近年，自分の情報を他人に知られたくない意識が高まり，個人情報保護に関する法律が整備されている中で，住民票の写し等の交付制度に係る以下の重要な改正が，順次行われています。

〇住民票の写し等の申請を行う場合には，申請事由，申請者の氏名・住所，申請に係る市民の住所・氏名を明らかにしなければなりません。

〇住民票の写し等の交付申請が不当な目的によることが明らかな場合は申請を拒否できます。

〇住民票の写し等の交付に際して，続柄・本籍等を省略して交付できることになりました（申請者に使用目的を聞いて省略するかどうかを判断します。）。

❷　住民票の写し等の交付

───〈本人等からの申請〉職員が住民票の写し等を交付する流れ図 ───

本人等（自己又は自己と同一の世帯に属する者）からの住民票の写し等の申請

（22頁）

住民票の写し等の申請 →

職員

受付
①申請書が適正に記載されているか確認を行う。
②DV支援措置申出対象者の加害者からの申請でないかを確認する。
【184頁〜】
③本人等の確認を行う。
　免許証等（1点又は2点）で本人確認を行う。ない場合は口頭質問を行う。
④続柄等の省略欄が記載されているか確認する。
（23頁〜）

← 本人確認書類の提示要求又は口頭質問を行う。
（23頁）

本人確認書類の提示又は回答 →

①申請書の内容は住民記録システムの情報と一致しているか。
②DV加害者からの申請ではないか。
③本人等と確認できたか。

NO ←

不交付決定

YES ↓

住民票の写し等の交付作業
住民記録システムから住民票の写し等の証明書を出力する。

← ●住民票の写し等の交付
●手数料の収納 →

―〈本人等からの申請〉委託業者と職員が住民票の写し等を交付する流れ図 ―

❷
住民票の写し等の交付

本人等（自己又は自己と同一の世帯に属する者）からの住民票の写し等の申請	委託業者	職員

本人等（自己又は自己と同一の世帯に属する者）からの住民票の写し等の申請

（25頁）

住民票の写し等の申請 →

①申請書が適正に記載されているか確認を行う。
②DV支援措置申出対象者の加害者からの申請でないかを確認する。
【184頁～】

← 本人確認書類の提示要求

③本人等かどうか確認を行う。免許証等（1点又は2点）で本人確認を行う。
④続柄等の省略欄が記載されているか確認する。
（25頁～）

本人確認書類の提示 →

本人確認書類がない場合は、職員が直接申請者に口頭質問で本人確認を行う。
（25頁）

交付決定の判断
①申請書の内容は住民記録システムの情報と一致しているか。
②委託業者の①から④の確認が適正に行われているかを確認する。

住民票の写し等の出力作業
住民記録システムから住民票の写し等の証明書を出力する。
（26頁）
職員に申請書、住民票の写し等を引き継ぐ。

不交付決定

住民票の写し等の申請が適正か

NO

YES

●住民票の写し等の交付
●手数料の収納

← 委託業者に申請書、住民票の写し等を引き継ぐ。

───── 〈第三者からの申請〉職員が住民票の写し等を交付する流れ図 ─────

第三者からの申請

- 自己の権利を行使し，又は自己の義務を履行するために住民票の記載事項を確認する必要がある者
- 国又は地方公共団体の機関に提出する必要がある者
- 上記の他，住民票の記載事項を利用する正当な理由がある者
- 特定事務受任者から受任している事件又は事務の依頼者が，上記に該当していることを理由に申請する場合
- 国又は地方公共団体の機関からの申請

（28 頁）

職員

①申請書が適正に記載されているか確認を行う。
②DV 支援措置申出対象者の加害者からの申請でないかを確認する。

【184 頁～】

③申請者の確認を行う。免許証等（1 点又は 2 点）で本人確認を行う。ない場合は口頭質問を行う。
④添付書類は提出されているか。（特定事務受任者・国・地方公共団体）
⑤申請の理由が適正か。

（27 頁～）

住民票の写し 等の申請

申請人確認書類の提示要求又は口頭質問

本人確認書類の提示又は回答

- 権利関係を証明する契約書・申立書等のコピー等を添付していることが必要

①申請書の内容は住民記録システムの情報と一致しているか。
②DV 加害者からの申請ではないか。
③申請者の確認はできたか。
④申請の理由は適正か。

NO

不交付決定

YES

- 住民票の写し等の交付
- 手数料の収納

住民票の写し等の交付作業
住民記録システムから住民票の写し等の証明書を出力する。

―〈第三者からの申請〉委託業者と職員が住民票の写し等を交付する流れ図 ―

第三者からの申請	委託業者	職員

第三者からの申請

● 自己の権利を行使し，又は自己の義務を履行するために住民票の記載事項を確認する必要がある者

● 国又は地方公共団体の機関に提出する必要がある者

● 上記の他，住民票の記載事項を利用する正当な理由がある者

● 特定事務受任者から受任している事件又は事務の依頼者が，上記に該当していることを理由に申請する場合

● 国又は地方公共団体の機関からの申請

（28頁）

委託業者

受付
① 申請書が適正に記載されているか確認を行う。
② DV支援措置申出対象者の加害者からの申請でないかを確認する。

【184頁～】

③ 申請者確認手続き免許証等（1点又は2点）で本人確認を行う。
④ 添付書類が提出されているかの確認（特定事務受任者・国・地方公共団体）
⑤ 申請の理由が適正かを確認する。

（32頁～）

職員

● 権利関係を証明する契約書・申立書等のコピー等を添付していることが必要

住民票の写し等の申請

本人確認書類の提示要求

本人確認証明書の提示

本人確認書類がない場合は，職員が直接申請者に口頭質問で本人確認を行う。

交付決定の判断
● 申請書の内容は住民記録システムの情報と一致しているか。
● ①から⑤の確認が適正に行われているかを確認する。

住民票の写し等の出力作業
住民記録システムから住民票の写し等の証明書を出力する。
職員に申請書，住民票の写し等を引き継ぐ。

不交付決定

住民票の写し等の交付ができるか。

NO

YES

● 住民票の写し等の交付
● 手数料の収納

申請書，住民票の写し等の引き継ぎ

1　住民票の写し等の根拠法令・端末機等

項目	説明
主な根拠法令	住民基本台帳法，住民基本台帳法施行令，住民基本台帳法施行規則等に基づき，住民票の写し等を交付しています。
操作する端末機	住民基本台帳システムの住民票の交付画面から処理します。
DV被害者等への支援措置	住民基本台帳事務における支援措置申出者が対象 住民票の写し等の交付制限を行います。
マイナンバー制度とマイナンバーカード	マイナンバーの住民票の写し等への記載 マイナンバーカードの電子証明書（利用者証明用の電子証明書）を活用したコンビニ交付サービス
事前登録型本人通知制度	各市区町村の条例・規則・要綱・要領等によります。事前登録が必要です。
窓口業務の一部委託	住民票の写し等の交付補助業務は窓口業務の一部委託が可能
個人情報保護対策	住民基本台帳法，個人情報の保護に関する法律等により，個人情報保護が担保されています。

2　住民票の写し等の種類・申請者等

　住民基本台帳に登録されていることを公証する住民票の写し等としては次のものがあります。

証明の種類	根拠法令等	申請者等
住民票の写し	住民基本台帳法第12条	本人等（自己又は自己と同一の世帯に属する人）の申請による住民票の写し等の交付
	住民基本台帳法第12条の2	国又は地方公共団体の機関の申請による住民票の写し等の交付
	住民基本台帳法第12条の3	本人等以外の申出による住民票の写し等の交付
広域交付住民票の写し（34頁以下で説明します）	住民基本台帳法第12条の4	住所地市区町村長以外の市区町村長に対し，自己又は自己と同一の世帯に属する人の広域交付住民票を申請することができます。
除住民票の写し	住民基本台帳法施行令第8条　住民基本台帳法施行令第34条	申請者等は住民票の写しと同じ。 ※除住民票とは，転出や死亡などによって当該市区町村の住民基本台帳から除かれた住民票をいいます。 住民票の除票ともいいます。 ※除住民票・改製原住民票，除附票，改製原附票の保存期間は，削除又は改製された日から150年間です。 ※除かれた日が平成26年6月19日以前の場合は，保存期間が5年間になります。
改製原住民票の写し	住民基本台帳法施行令第13条の2　住民基本台帳法施行令第34条	申請者等は住民票の写しと同じ。 （改製の説明） ※改製原住民票とは，住所や氏名などの変更で住民票の記載欄が足りなくなった場合や電算システムの切り替えにより，住民票は改製されることがあり，改製される前の住民票を改製原住民

		票といいます。 ※除住民票・改製原住民票, 除附票, 改製原附票の保存期間は, 削除又は改製された日から 150 年間です。 ※改製された日が平成 26 年 6 月 19 日以前の場合は, 保存期間が 5 年間になります。
住民票記載事項証明書	住民基本台帳法第 12 条第 1 項	申請者等は住民票の写しと同じ。 ※住民票記載事項証明書とは市区町村長が住民からの申請を受けて, 住民票の記載事項のうち, 必要なものについて, その事項が住民票に記載されていることを証明するものです。 ※就職用の住民票の写しは, 労働基準法第 111 条により, 住民票記載事項証明書を交付します。 ※失業給付用の住民票の写しは, 雇用保険法第 75 条により, 住民票記載事項証明書を交付します。
転出証明書（住民異動届で説明します。）	住民基本台帳法第 24 条, 住民基本台帳法施行令第 23 条・第 24 条	住所地市区町村から区域外に転出する人は, あらかじめ氏名・転出先・転出の予定年月日を市区町村長に届け出なければなりません。 市区町村長は, 転出届があったときは（付記転出届又は海外転出の場合を除く。）転出証明書を交付しなければなりません。
不在住証明書	—	申請者等は住民票の写しと同じ。 不在住証明書は, 住民票（消除されたものを含む。）に記載されていないことを証明するものです。

❷ 住民票の写し等の交付

3　住民票の写し等の交付場所

住民票の写し等は, 市区町村窓口・郵送・コンビニで交付しています。

住民票の写し等の交付

市区町村窓口での交付

〈申請できる者〉

（住民票の写し，除住民票の写し，改製原住民票の写し，住民票記載事項証明書，不在住証明書）

- 本人等（自己又は自己と同一の世帯に属する者）からの申請
- 国又は地方公共団体の機関からの申請
- 本人等以外の申し出による申請

郵送での交付

〈申請できる者〉

（住民票の写し，除住民票の写し，改製原住民票の写し，住民票記載事項証明書，不在住証明書）

- 本人等（自己又は自己と同一の世帯に属する者）からの申請
- 国又は地方公共団体の機関からの申請
- 本人等以外の申し出による申請

コンビニ交付による自動交付

（住民票の写し）

〈申請できる者〉

- マイナンバーカード保持者（本人等からの申請）

〈申請できる住民票の写し〉

- 住民票の写し世帯全員，住民票の写し世帯の一部
- 本籍の表示あり，なしを選択できる。

4　本人等からの申請　職員が住民票の写し等を交付する場合

　職員が本人等からの申請に基づき住民票の写し等を交付する流れを説明します。

(1)　申請書の提出

　本人等から住民票の写し等の申請書が職員に提出されます。

(2)　DV 等支援措置申出対象者かどうかの確認

　職員が申請書を受け取り，DV 等支援措置申出対象者かどうかを確認します。

　市区町村に DV 等に係る住民基本台帳事務における支援措置申出書の提出が住民からあった場合は，住民記録システム端末の本人画面に処理停止・証明書交付不可（住民記録システムの提供ベンダーにより呼び名が違います。）の処理がなされている表示が出ています。

　申請者が加害者であれば，不当な目的のため被害者の住民票の写し等の交付は不可となります。

⑶　**本人等の確認**

　本人等とは，自己又は自己と同一世帯（住民基本台帳上）に属する者をいいます（住民基本台帳法第12条第1項）。住民票の写し等とは，住民票の写し，除住民票の写し，改製原住民票の写し，住民票記載事項証明書，不在証明書をいいます。

　本人等からの住民票の写し等の申請があった場合は，マイナンバーカードその他の総務省令で定める方法により当該申請の任に当たっている者が本人であることを確認する必要があります（住民基本台帳法第12条第3項，住民基本台帳の一部の写しの閲覧並びに住民票の写し等及び除票の写し等の交付に関する省令第5条第1号・第2号）。

　本人等からの申請でマイナンバーカード等での確認や口頭質問で本人等と確認できない場合は住民票の写し等の交付は不可となります。

○本人確認の具体的な証明の例（住民基本台帳事務処理要領第2－4─⑴）

	A 1枚の提示で足りるもの（例）	B Aに掲げる書類をやむを得ない理由により提示することができない場合は，現に申請の任に当たっている者が本人であることを確認するため市区町村長が適当と認める書類を提示し，若しくは提出する方法又は本人であることを説明させる方法その他の市区町村長が適当と認める方法
証明書の種類	・マイナンバーカード ・旅券（パスポート） ・運転免許証 ・海技免状 ・電気工事士免状 ・無線従事者免許証 ・動力車操縦者運転免許証 ・運航管理者技能検定合格者証明書 ・猟銃，空気銃所持許可証 ・特種電気工事資格者認定証 ・認定電気工事従事者認定証 ・耐空検査員の証 ・航空従事者技能証明書 ・宅地建物取引士証 ・船員手帳 ・戦傷病者手帳 ・教習資格認定証 ・検定合格証 ・身体障害者手帳 ・療育手帳 ・精神障害者保健福祉手帳 ・運転経歴証明書 ・在留カード ・特別永住者証明書 ・一時庇護許可書 ・仮滞在許可書 ・官公署がその職員に対して交付した身分証明書	○市区町村長が適当と認める書類 2枚以上の提示を求めることも考えること ・Aに掲げる書類が更新中の場合に交付される仮証明書や引換証類 ・地方公共団体が交付する敬老手帳 ・生活保護受給者証 ・健康保険の被保険者証 ・各種年金証書　等 ○本人であることを説明させる方法 ・同一世帯の住民基本台帳の記載事項（世帯構成，同一世帯の者の生年月日等）について口頭で陳述させる。

　証明書等の提示又は提出があった場合でも，必要と判断されるときは，適宜，口頭で質問を行うことが適当です。

　申請者が証明書等を持参していないときは，住民票に記載された内容を口頭質問して，本人等であることを確認する必要があります。

⑷　申請事由の確認

　本人等からの申請の場合は，原則として申請事由の記載は必要ありませんが，DV等の支援措置の対象となっている場合は，住民基本台帳法第12条第2項第4号及び住民基本台帳の一部の写しの閲覧並びに住民票の写し等及び除票の写し等の交付に関する省令（以下。住民票省令という。）第4条第2項第1号の規定により，住民票の写し等の申請を拒否するかどうかの判断を行う必要があります。

　この場合は申請事由を明示させることが求められます。

⑸　申請事由による続柄等の省略

　住民票の写しの交付に際しては，特別の申請がない限り続柄・本籍地，個人番号を省略した住民票の写しを交付します（住民基本台帳法第12条第5項）。

　本人等から特別の申請があった場合は，続柄・本籍地，個人番号を記載した住民票の写しを交付します。

　※　住民記録システムでは，①選挙人名簿に登録されたもの，②国民健康保険の被保険者，③後期高齢者医療の被保険者，④介護保険の被保険者，⑤国民年金の被保険者，⑥児童手当の支給を受けている者，⑦米穀の配給を受ける者，⑧住民票コードについても省略した住民票を出力します（住民基本台帳法第12条第5項）。

⑹　就職用・失業給付に係る住民票記載事項証明書の無料交付

　○就職用

　労働基準法第111条により，本人から就職用の住民票記載事項証明書の申請があれば無料で交付します（各市区町村手数料条例施行規則参照）。

　○失業給付

　雇用保険法第75条により，本人から求職者給付若しくは就職促進給付用の住民票記載事項証明書の申請があれば無料で交付します（各市区町村手数料条例施行規則参照）。

　※　ただし，本人の判断により住民票の写しが申請されれば有料での交付になります。
　※　就職用とする判断については，面接中・インターンシップなど内定前の段階では住民票記載事項証明書の交付は有料とする市区町村もあります。

⑺　代理人又は受任者からの申請の場合

・代理人の場合は，代理人選任届（代理権授与通知書）が必要です。
・委任の場合は，委任状（双方が委任契約を締結した書面）が必要です。

- 代理人又は受任者の本人確認は必要です。
- 代理人又は受任者の確認書類は本人等の確認方法と同じです。
- 代理人又は受任者からの窓口での住民票の写しの交付は事前登録型本人通知制度の通知対象になります。

(8)　会計

住民票の写し等を交付するとともに，手数料を徴収します。

5　本人等からの申請　委託業者と職員が住民票の写し等を交付する場合

委託業者と職員が本人等からの申請に基づき住民票の写し等を交付する流れを説明します。

(1)　申請書の提出

本人等から住民票の写し等の申請書を委託業者に提出します。

(2)　DV 等支援措置申出対象者かどうかの確認

委託業者が申請書を受け取り，DV 等支援措置申出対象者かどうかを確認します。

市区町村に DV 等に係る住民基本台帳事務における支援措置申出書の提出が住民からあった場合は，住民記録システム端末の本人画面に処理停止・証明書交付不可（住民記録システムの提供ベンダーにより呼び名が違います。）処理がなされている表示が出ています。

確認した旨を申請書にチェックし担当印又は署名をします。

(3)　本人等の確認

委託業者が本人等であるかどうかを確認します。

確認した旨を申請書にチェックします。

本人等とは，自己又は自己と同一世帯（住民基本台帳上）に属する者をいいます（住民基本台帳法第 12 条第 1 項）。

住民票の写し等とは，住民票の写し，除住民票の写し，改製原住民票の写し，住民票記載事項証明書，不在住証明書をいいます。

本人等からの住民票の写し等の申請があった場合は，マイナンバーカードその他の総務省令で定める方法により当該申請の任に当たっている者が本人であることを確認する必要があります（住民票省令第 5 条第 1 号・第 2 号）。

本人等からの申請でマイナンバーカード等での確認や口頭質問で本人等と確認できない場合は住民票の写し等の交付は不可となります。

本人確認の具体的な証明の例は，23頁のとおりです。

⑷　代理人又は受任者からの申請の場合

- 代理人の場合は，代理人選任届（代理権授与通知書）が必要です。
- 委任の場合は，委任状（双方が委任契約を締結した書面）が必要です。
- 代理人又は受任者の本人確認は必要です。
- 代理人又は受任者の確認書類は本人等の確認方法と同じです。
- 代理人又は受任者からの窓口での住民票の写しの交付は事前登録型本人通知制度の通知対象になります。

⑸　申請事由の確認

本人等からの申請の場合は，原則として申請事由の記載は必要ありませんが，DV等の支援措置の対象となっている場合は，住民基本台帳法第12条第2項第4号及び住民票省令第4条第2項第1号の規定により，住民票の写し等の申請を拒否するかどうかの判断を職員が行う必要があります。

この場合は申請事由を明示させることが求められます。

⑹　申請事由による続柄等の省略

委託業者は住民票の写しの出力に際しては，特別の申請がない限り続柄・本籍地，個人番号を省略した住民票の写しを出力します（住民基本台帳法第12条第5項）。

本人等から特別の申請があった場合は，続柄・本籍地，個人番号を記載した住民票の写しを出力します。

⑺　端末機からの出力，職員への引継

委託業者は申請書と住民記録システム端末機から出力した住民票の写し等を職員に引き継ぎます。

住民記録システム端末機からの住民票の写し等の出力に際しては，特別の申請がない限り続柄・本籍地，個人番号を省略した住民票の写しを出力します（住民基本台帳法第12条第5項）。

本人等から特別の申請があった場合は，続柄・本籍地，個人番号を記載した住民票の写しを出力します。

　　※　住民記録システムでは，①選挙人名簿に登録されたもの，②国民健康保険の被保険者，③後期高齢者医療の被保険者，④介護保険の被保険者，⑤国民年金の被保険者，⑥児童手当の支給を受けている者，⑦米穀の配給を受ける者，⑧住民票コードについても省略した住民票を出力します（住民基本台帳法第12条第5項）。

⑻　**職員の交付決定（不交付決定）の判断**

　職員は申請書に基づき，DV 支援措置申出の加害者からの申請ではないか，本人確認書類等で本人と確認したか，申請事由が必要かの確認をしているか，続柄等の省略等が適切に行われているかを判断します。

　証明書等の提示又は提出があった場合でも，必要と判断されるときは，適宜，口頭で質問を行うことができます。

　申請者が証明書等を持参していないときは，職員が住民票に記載された内容を口頭質問して本人等であることを確認する必要があります。

　その後，職員が当該住民票の写し等の交付について決定します。

　不交付にした場合は職員が申請者に説明します。

　職員は就職用・失業給付に係る住民票記載事項証明書の無料交付の判断もします。

　• 就職用

　　労働基準法第 111 条により，本人から就職用の住民票記載事項証明書の申請があれば無料で交付します（各市区町村手数料条例施行規則参照）。

　• 失業給付

　　雇用保険法第 75 条により，本人から求職者給付若しくは就職促進給付用の住民票記載事項証明書の申請があれば無料で交付します（各市区町村手数料条例施行規則参照）。

　※　ただし，本人の判断により住民票の写しが申請されれば有料での交付になります。
　※　就職用とする判断については，面接中・インターンシップなど内定前の段階では住民票記載事項証明書の交付は有料とする市区町村もあります。

⑼　**引継**

　職員が委託業者に申請書と住民票の写し等を引き継ぎます。

⑽　**会計**

　委託業者が住民票の写し等の交付を行い，手数料を徴収します。

6　第三者からの申請　職員が住民票の写し等を交付する場合

　本人等以外の者（第三者）からの住民票の写し等の申請に基づき職員が住民票の写し等を交付する流れを説明します。

⑴　**申請書の提出**

　第三者から住民票の写し等の申請書を職員に提出します。

⑵　**適正な第三者からの申請かどうかの判断**

　職員は適正な第三者からの申請であるか判断を行います。

　加えて，第三者が DV 支援措置申出の加害者からの申請ではないかを確認します。

　第三者が DV 支援措置申出の加害者からの申請であれば，住民票の写し等の申請を拒否するかどうかの判断を行う必要があります。

　この場合は申請事由を明示させることが求められます。

　住民基本台帳法第 12 条の 3 では，本人等以外の申出による交付について定めています（❶〜❹）。同法第 12 条の 2 では，国又は地方公共団体の機関からの請求による交付について定めています（❺）。

❶　自己の権利を行使し，又は自己の義務を履行するために住民票の記載事項を確認する必要がある者

❷　国又は地方公共団体の機関に提出する必要がある者

❸　❶❷の他，住民票の記載事項を利用する正当な理由がある者

❹　特定事務受任者から受任している事件又は事務の依頼者が，❶❷❸のいずれかに該当することを理由として申請する者

❺　国又は地方公共団体の機関からの申請

ア　❶の自己の権利を行使し，又は自己の義務を履行するために住民票の記載事項を確認する必要がある者

　利用の目的（自己の権利を行使し，又は自己の義務を履行するため）は具体性が求められるため，抽象的な記述（○○に利用するため）では認められません。

　具体的な事例は住民基本台帳事務処理要領第 2—4—⑶—ア—㋐—D に例示されています。なお，現に申請の任に当たっている者が本人であるということを明らかにする方法については本人等の申請に準じて取り扱います。

- 債権者（金融機関，不動産賃貸事業者等）が債権の回収のために債務者本人の住民票の写しを取得する場合
- 債務者（生命保険会社，企業年金等）が債務の履行（満期となった生命保険金，年金等の支払い）のために債権者本人（被保険者，年金受給者等）の住民票の写しを取得する場合
- 相続手続や訴訟手続などに当たって法令に基づく必要書類として関係人の住民票の写しを取得する場合
- 日本放送協会，日本下水道事業団等の特殊法人等の役員又は職員が，その法人等の法令による事務を円滑に遂行するために関係者の住民票の写しを取得する場合
- 特殊法人等が公共用地の取得のために関係人の住民票の写しを取得する場合
- 学術研究等を目的とする機関が，公益性の観点からその成果を社会に還元するために，疫学上の統計データを得る目的で，ある母集団に属する者を一定期間にわたり本人承諾等の下で追跡調査する必要がある場合

　・弁護士等が法令に基づく職務上の必要から，特定事務受任者としてではなく，自らの権限として関係人の住民票の写しを取得する場合

　このうち，弁護士が正当な理由を有する場合の具体的な例としては，以下のような業務が挙げられます。

　　○刑事に関する事件における弁護人としての業務

　　○少年の保護事件又は心神喪失等の状態で重大な他害行為を行った者の医療及び観察等に関する法律（平成 15 年法律第 110 号）第 3 条に規定する処遇事件における付添人としての業務

　　○逃亡犯罪人引渡審査請求事件における補佐人としての業務

　　○人身保護法（昭和 23 年法律第 199 号）第 14 条第 2 項の規定により裁判所が選任した代理人としての業務

　　○人事訴訟法（平成 15 年法律第 109 号）第 13 条第 2 項及び第 3 項の規定により裁判長が選任した訴訟代理人としての業務

　　○民事訴訟法（平成 8 年法律第 109 号）第 35 条第 1 項に規定する特別代理人としての業務

イ　❷の国又は地方公共団体の機関に提出する必要がある者からの申請

　国又は地方公共団体の機関に提出する必要がある場合については，申請者が具体的にどのような理由（法律等）に基づいて提出するか，国又は地方公共団体の機関（具体的な役所名，所在地等）を明らかにさせる必要があります。

　なお，現に申請の任に当たっている者が本人であるということを明らかにする方法については本人等の申請に準じて取り扱います。

ウ　❶❷の他，住民票の記載事項を利用する正当な理由がある者からの申請

　自己の権利を行使し，又は自己の義務を履行するために住民票の記載事項を確認する必要がある場合に準じて取り扱います。

エ　特定事務受任者から受任している事件又は事務の依頼者が，❶❷❸のいずれかに該当することを理由として申請する場合

　　○特定事務受任者（8 士業）からの申請

　　職務上申請書（戸籍謄本・住民票の写し等職務上申請書）の使用が認められている特定事務受任者（8 士業）とは，弁護士・司法書士・土地家屋調査士・税理士・社会保険労務士・弁理士・行政書士又は海事代理士のことをいいます。

　　特定事務受任者は受任している事件又は事務に関する業務を遂行するために必要がある場合には，戸籍謄本等の交付の申請をすることができます。この場合において，当該申請をする者は，その有する資格，当該業務の種類，当該事件又は事務の依頼者の氏名又は名称及び当該依頼者について，住民基本台帳事務処理要領に定める事項を明らかにする必要があります。

　　また，申請は職務上統一申請書を用います。

□特定事務受任者からの申請の場合は，以下の項目が記載されている写真付
資格者証が必要です。

- 特定事務受任者の氏名
- 登録番号
- 事務所の名称及び所在地
- 特定事務受任者であることを証する書類の交付主体
- 特定事務受任者の顔写真

□特定事務受任者の事務補助者が申出をする場合は，以下の項目が記載され
ている特定事務受任者の事務補助者であることを証する写真付補助者証が
必要です。

- 補助者の氏名
- 補助者を使用する弁護士等の氏名（又は補助者の所属する弁護士等の事務所
  の名称）
- 事務所の名称及び所在地
- 交付主体
- 補助者の顔写真

オ　❺の国又は地方公共団体の機関からの申請

国又は地方公共団体の機関は，法令で定める事務の遂行のために必要である場
合には，市町村長に対し，当該市町村が備える住民基本台帳に記録されている者
に係る住民票の写しで個人番号及び住民票コードの記載を省略したもの又は住民
票記載事項証明書で個人番号及び住民票コードの記載を省略したものの交付を請
求することができます（住民基本台帳法第12条の2）。

その際には，総務省令で定めるところにより，次に掲げる事項を明らにする必
要があります。

- 当該請求をする国又は地方公共団体の機関の名称
- 現に請求の任に当たっている者の職名及び氏名
- 当該請求の対象とする者の氏名及び住所
- 請求事由（当該請求が犯罪捜査に関するものその他特別の事情により請求事由を明らか
  にすることが事務の性質上困難であるものにあっては，法令で定める事務の遂行のため
  に必要である旨及びその根拠となる法令の名称）
- 上記に掲げるもののほか，総務省令で定める事項

現に請求の任に当たっている者は，市町村長に対し，国又は地方公共団体の機
関の職員であることを示す書類を提示する方法その他の総務省令で定める方法に
より，当該請求の任に当たっている者が本人であることを明らかにする必要があ
ります。

市町村長は，特別の請求がない限り，住民票の写し等の交付の請求があったと

きは，<u>世帯主の氏名及び世帯主との続柄，本籍，選挙人名簿の登載，国民健康保険の被保険者，後期高齢者医療の被保険者，介護保険の被保険者，国民年金の被保険者，児童手当を受けている者，米穀の配給を受ける者，その他政令で定める事項に掲げる事項の全部又は一部の記載を省略した写しを交付しています。</u>

（窓口での事務の流れ）

①　国又は地方公共団体の機関の職員が窓口で請求	通常は，窓口に来た国又は地方公共団体の機関の職員が，公文書を持参し，住民票の写し等の交付を請求します。
②　公文書の確認	公文書には，請求をする国又は地方公共団体の機関の名称が記載されています。具体的には，「総務省」，「○○県知事」，「○○市長」などがあります。 国の機関には，国のすべての行政機関のほか，国会及び裁判所が含まれ，地方公共団体の機関には，執行機関，付属機関のほか，議会も含まれます。 （確認事項） ①　当該請求をする国又は地方公共団体の機関の名称 ②　現に請求の任に当たっている者の職名及び氏名 ③　当該請求の対象とする者の氏名及び住所 ④　請求事由（当該請求が犯罪捜査に関するものその他特別の事情により請求事由を明らかにすることが事務の性質上困難であるものにあっては，法令で定める事務の遂行のために必要である旨及びその根拠となる法令の名称） ①～④に掲げるもののほか，総務省令で定める事項が適正に記載されているか確認します。
③　職員の本人確認	公文書には，請求する人の住所，氏名等が記載されています。加えて，○○法第○○条に基づき住民票の写しを請求する旨も記載されています。 窓口に来ている職員に，住民票の写し等交付申請書を記載してもらいます。 現に請求の任に当たっている者の職名及び氏名，「○○県○○課長○○係長○○○○」，「○○市○○課○○係　○○○○」等のように職名・氏名を請求書に記載させ，職員証等で職員が本人であることを確認します。
④　DV等支援措置申出対象者の確認	窓口に来た国又は地方公共団体の機関の職員からの請求がDV等支援措置申出対象者の加害者からの請求かどうかを確認します。

(3)　申請者の本人確認

　適正な申請であれば，申請者の本人確認をマイナンバーカードや運転免許証等で確認します。

　本人を確認する証明書は本人等からの申請で例示しています。

　ない場合は口頭質問で本人確認を行います。

(4)　交付決定（不交付決定）

　DV支援措置申出の加害者ではなく，適正な第三者であり，本人確認ができている場合は交付決定を行い，住民記録システム端末機から住民票の写し等を出力します。

　不交付決定をした場合は申請者に説明します。

(5)　住民票の写し等の交付，手数料の徴収

　住民票の写し等を交付するとともに，手数料を徴収します。

❷ 住民票の写し等の交付

7　第三者からの申請　委託業者と職員が住民票の写し等を交付する場合

　窓口での本人等以外の者（第三者）からの住民票の写し等の申請に基づき**委託業者**と**職員**が住民票の写し等を交付する流れを説明します。

(1)　申請書の提出

　第三者から住民票の写し等の申請書を委託業者に提出します。

(2)　適正な第三者からの申請かどうかの確認

　委託業者は適正な第三者からの申請であるか確認を行います。

　加えて，第三者がDV支援措置申出の加害者からの申請ではないかを確認します。

　第三者がDV支援措置申出の加害者からの申請であれば，**職員**が住民票の写し等の交付を拒否するかどうかの判断を行う必要があります。

　この場合は申請事由を明示させることが求められます。

　交付・不交付の判断・説明は職員が行います。

　適正な第三者の基準は職員が行う住民票の写し等の交付と同じです。

（28頁〜）

ア　申請者の本人確認

　委託業者は申請書の確認の結果問題がなければ，申請者の本人確認をマイナンバーカードや運転免許証等で行います。

　本人を確認する証明書は本人等からの申請で例示しています。

　委託業者は申請の内容や本人確認を行い，問題がない場合は，申請書にチェック済である旨を記載した後，担当者印又は署名をして，当該住民票の写し等を住民記録システム端末機から出力し，申請書とともに**職員**に引き継ぎます。

　確認する内容は（28頁〜）を参考にして確認してください。

　本人確認証明書がない場合は，職員が口頭質問で本人確認を行います。

イ　職員の交付決定（不交付決定）

　職員がDV支援措置申出の加害者ではない，適正な第三者である，本人確認ができていると判断した場合は申請書と住民票の写し等を**委託業者**に引き継ぎます。

　職員が不交付と判断した場合は，職員が申請者に説明します。

ウ　住民票の写しの交付，手数料の徴収

　委託業者は住民票の写し等を交付するとともに，手数料を徴収します。

8　住民票の写し等交付申請用紙書式例

住民票の写し等交付申請書

〇〇市区町村長　あて

令和〇〇年〇〇月〇〇日			
どなたの証明が必要ですか。		窓口に来られた方（申請者） ※本人の場合は記載不要	
住所	〇〇市区町村	住所	
氏名	フリガナ （明・大・昭・平・令・西暦　　年　　月　　日生）	氏名	フリガナ （明・大・昭・平・西暦　　　年　　月　　日生）

必要なものにチェックをつけて，通数を記入してください。		続柄	必要な住民票に記載されている方から見て □ 本人，□ 同一世帯（　　　　　　　　） □ その他（　　　　　　　　　） 同一世帯員以外の場合は，代理人選任届又は委任状が必要です。
何が必要ですか	□ 住民票の写し（世帯全員）　　通　　人 □ 住民票の写し（世帯一部）　　通 □ 除かれた住民票　　　　　　　通 □ 住民票記載事項証明 　（世帯全員・一部）　　　　　通　　人 （記載必要項目） □ 続柄 □ 本籍又は国籍 □ 履歴 　過去の住所，氏名等 （　　　　　　　　　　　　　　　　　　）		何に使いますか □ 〇〇市町村手数料条例等施行規則第〇条に定める減免の申請をします。
□ 同一世帯員確認　　□ 委任状等確認			
本人確認書類　□ 運転免許証　□ 旅券　□ その他の確認書類（　　　　　　　　　　　　　）			

住民票の写し等に記載が必要な場合は，この欄にチェックを入れます。

❸ 広域交付住民票の写しの交付

　住民票の写しの交付に続いて広域交付住民票の交付（住民基本台帳法第12条の4）を学習します。

　通常の住民票の写しが，その市区町村の区域内に住んでいる住民について，住民基本台帳に登録されていることを公証する証明書であるのに対して，広域交付住民票の写しは，他市区町村の区域内に住んでいる住民が他市区町村の住民基本台帳に登録されていることを公証する証明書です。

　従来は，住民票の写しは，住民登録をしている市区町村（住民登録地）しか申請・交付できませんでした。

　しかし，現在では住民基本台帳ネットワークシステムを利用して，全国の市区町村で本人や同じ世帯の方の住民票が取得できるようになりました。

　広域交付住民票の写しの申請・交付については，他市区町村と住民基本台帳ネットワークシステムを介して，住民票の広域交付の申請があった旨の通知・返信を行うため，申請者の利便性は向上しますが，通常の住民票の写しの交付と比較して申請者の待ち時間が多くなります。

　　※　住民基本台帳ネットワークシステム未接続市区町村の広域交付住民票の写しは交付できません。

　広域交付住民票の写しの申請を受け付けた担当者は，必ず申請者に「待ち時間が必要です」ということを伝えてください。

─── 広域交付住民票の写しの交付の流れ図 ───

※住民基本台帳ネットワークシステム端末を使用するので職員だけが行います。

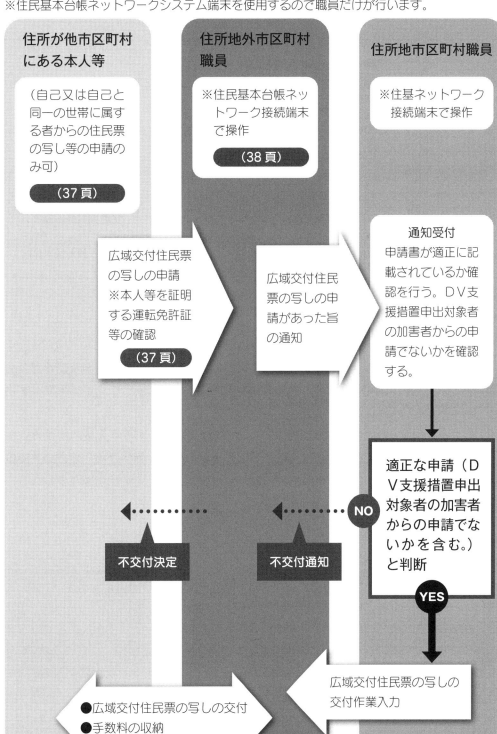

住所が他市区町村にある本人等

（自己又は自己と同一の世帯に属する者からの住民票の写し等の申請のみ可）
（37頁）

住所地外市区町村職員

※住民基本台帳ネットワーク接続端末で操作
（38頁）

住所地市区町村職員

※住基ネットワーク接続端末で操作

広域交付住民票の写しの申請
※本人等を証明する運転免許証等の確認
（37頁）

広域交付住民票の写しの申請があった旨の通知

通知受付
申請書が適正に記載されているか確認を行う。ＤＶ支援措置申出対象者の加害者からの申請でないかを確認する。

NO

適正な申請（ＤＶ支援措置申出対象者の加害者からの申請でないかを含む。）と判断

YES

不交付決定

不交付通知

広域交付住民票の写しの交付作業入力

●広域交付住民票の写しの交付
●手数料の収納

❸ 広域交付住民票の写しの交付

1　広域交付住民票の写し等の根拠法令・端末機等

項目	説明
主な根拠法令	住民基本台帳法第 12 条の 4（本人等の申請に係る住民票の写しの交付の特例）
操作する端末機	住民基本台帳ネットワークシステムの広域交付住民票の交付画面から処理します。
DV 被害者への支援措置	住民票の写しと同様に交付制限を行います。
マイナンバー制度と個人番号カード	広域交付住民票の写しの申請はマイナンバーカードを提出して行います。
事前登録型本人通知制度	本人等（自己又は自己と同一の世帯に属する者）からの申請のため事前登録型本人通知制度は対象外となります。 ※代理人又は受任者は申請できません。
窓口業務の一部委託	住民基本台帳ネットワークシステムについては，民間事業者の取扱いは認められないため窓口業務の一部委託は不可になります。
個人情報保護対策	住民基本台帳法，個人情報の保護に関する法律等により個人情報保護が担保されています。

2　住民基本台帳ネットワークシステム図の概略

　住民基本台帳ネットワークシステムは，住民の方々の利便性の向上と国及び地方公共団体の行政の合理化に資するため，居住関係を公証する住民基本台帳をネットワーク化し，全国共通の本人確認ができるシステムとして構築しています。

　平成 11 年の住民基本台帳法の改正により，行政機関等に対する本人確認情報の提供や市区町村の区域を越えた住民基本台帳に関する事務の処理を行うため，地方公共団体共同のシステムとして，各市区町村の住民基本台帳のネットワーク化を図りました。

住民基本台帳ネットワークシステム図

※CS（コミュニケーションサーバ）・・・各市町村に既に設置されている住民基本台帳事務のためのコンピュータと住民基本台帳
　　　　　　　　　　　　　　　　　　ネットワークシステムとの橋渡しをするために新たに設置するコンピュータ
※FW（ファイアウォール）　　　・・・不正侵入を防止するコンピュータ

出典：総務省ホームページ（https://www.soumu.go.jp/main_sosiki/jichi_gyousei/c-gyousei/daityo/juuki01.html）

3　広域交付住民票の写しを申請できる人・省略される項目等

(1)　広域交付住民票の写しを申請できる人

　　住民基本台帳に記載されている者（自己又は自己と同一の世帯に属する者）

(2)　広域交付住民票の写しで省略される項目

　　本籍，筆頭者，市内住所履歴，転出者，死亡者

(3)　広域交付住民票の写しの申請に必要な証明書

　　マイナンバーカード，住基カード，官公署交付の顔写真付き本人確認書類（運転免許証・パスポート・特別永住者証明書・在留カード等，有効期限内のもの）

(4)　広域交付住民票の交付時間

　　平日の午前9時から午後5時まで（住民基本台帳ネットワークの運用管理時間により定められているため。）

(5)　広域交付住民票の写しを交付できる市区町村

　住民基本台帳ネットワークに接続している市区町村については広域交付住民票の写しを交付できます。

　※　接続していない市区町村もあります。

4　広域交付住民票の写しの交付の説明

　広域交付住民票の写しの交付は，住民基本台帳ネットワークシステムを操作するので職員が行います。

(1)　申請書の提出

　本人等から広域交付住民票の写しの申請書を窓口に提出します。

(2)　本人等の確認

　広域交付住民票の写しを申請できる人は，住民基本台帳に記載されている者（自己又は自己と同一の世帯に属する者）だけです。

　本人確認は，

- マイナンバーカード（暗証番号の照合が必要です。）
- 住基カード
- 官公署交付の顔写真付き本人確認書類（運転免許証・パスポート・特別永住者証明書・在留カード等，有効期限内のもの）

で行います。

(3)　広域交付住民票の写しに記載する内容の確認

- 世帯主名・続柄
- 在留に関する事項（外国籍の方のみ）
  - ※　特別永住者については，特別永住者の区分が記載されます。
  - ※　中長期在留者については，中長期在留者の区分，在留資格，在留期間，在留期間の満了の日が記載されます。
- 国籍又は地域（外国籍の方のみ）
- 在留カード等の番号（外国籍の方のみ）
- マイナンバー（個人番号）
  - ※　マイナンバーは法律により提供の求めの制限及び提供の制限が規定されています。申請にあたっては，必要性等を十分確認のうえ申請してください。

(4)　住所地市区町村に申請の通知

　住民基本台帳ネットワークシステム端末で住所地市区町村に申請の通知を行います。

⑸　住所地市区町村から広域交付住民票の写しの出力

　住民基本台帳ネットワークシステムを通して，住所地市区町村から広域交付住民票の写しが出力されます。

　※　住所地市区町村にDV支援措置申出が出ている場合は，別途連絡がありますので，不交付であることを説明する必要があります。

⑹　会計

　広域交付住民票の写しを交付するとともに，手数料を徴収します。

5　広域交付住民票の写し申請用紙書式例

広域交付住民票の写し申請書

市区町村長　あて　　　　　　　　　　　令和　　年　　月　　日

申請者	住　　所	
	ふりがな 氏　　名	
	生年月日	明・大・昭・平・令　西暦　　　　年　　　　月　　　　日
	性　　別	男　・　女
	住民票コード	

下記の項目及び住民票コードは原則として省略されます。
必要な項目があれば○で囲んでください。※本籍地及び変更事項については記載できません。
住民票コードが必要な場合は窓口でお申し出ください。

1　世帯主名・続柄
2　在留に関する事項（外国籍の方のみ）
　※特別永住者については，特別永住者の区分が記載されます。
　※中長期在留者については，中長期在留者の区分，在留資格，在留期間，在留期間の
　　満了の日が記載されます。
3　国籍又は地域（外国籍の方のみ）
4　在留カード等の番号（外国籍の方のみ）
5　マイナンバー（個人番号）
　※マイナンバーは法律により提供の求めの制限及び提供の制限が規定されています。
　　申請にあたっては，必要性等を十分確認のうえ申請してください。

申請する 通数	世帯全員の写し	通
	世帯一部の写し ○氏名 　生年月日　明・大・昭・平・令　西暦　　　年　　　月　　　日 ○氏名 　生年月日　明・大・昭・平・令　西暦　　　年　　　月　　　日 ○氏名 　生年月日　明・大・昭・平・令　西暦　　　年　　　月　　　日 ○氏名 　生年月日　明・大・昭・平・令　西暦　　　年　　　月　　　日	通
本人確認 書類	マイナンバーカード，住基カード，運転免許証，パスポート，在留カード その他（　　　　　　　　）	

④ 戸籍の附票の写しの交付

　戸籍の附票とは，その本人の戸籍が作られてから現在に至るまでの住所が記録されている公文書です。

　従来は，戸籍の附票は本籍地の市区町村で戸籍簿と一緒に保管されていました。

　今では，ほとんどの市区町村に戸籍情報システムが導入されていますので，戸籍の附票は戸籍簿と同じく磁気ディスクで調製されています。

　戸籍の附票が最も多く使われる場面は，古い住所を探す必要がある時です。

　除住民票又は改製原住民票（以前は5年で廃棄）で昔の住所や住所を定めた年月日が表示されてない場合に戸籍の附票が利用されます。

　また，本籍地から住所地を探す必要がある場合（相続手続等）にも使われています。

──── 〈本人等からの申請〉職員が戸籍の附票の写しを交付する流れ図 ────

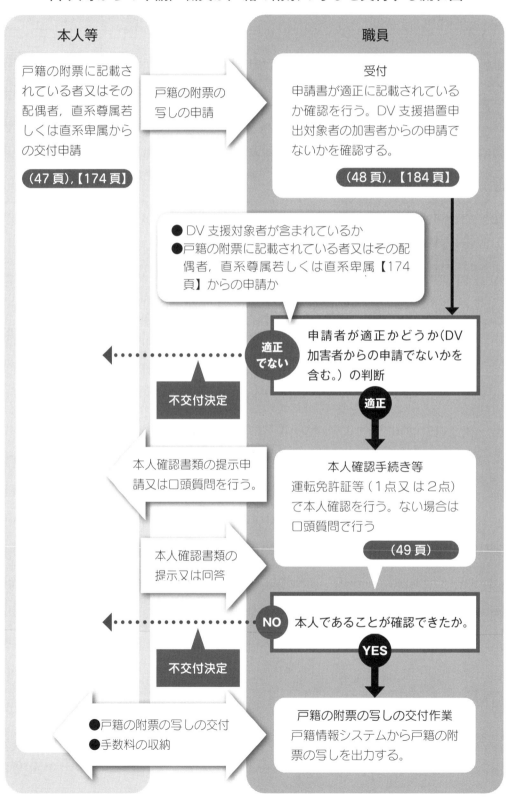

―〈本人等からの申請〉委託業者と職員が戸籍の附票の写しを交付する流れ図 ―

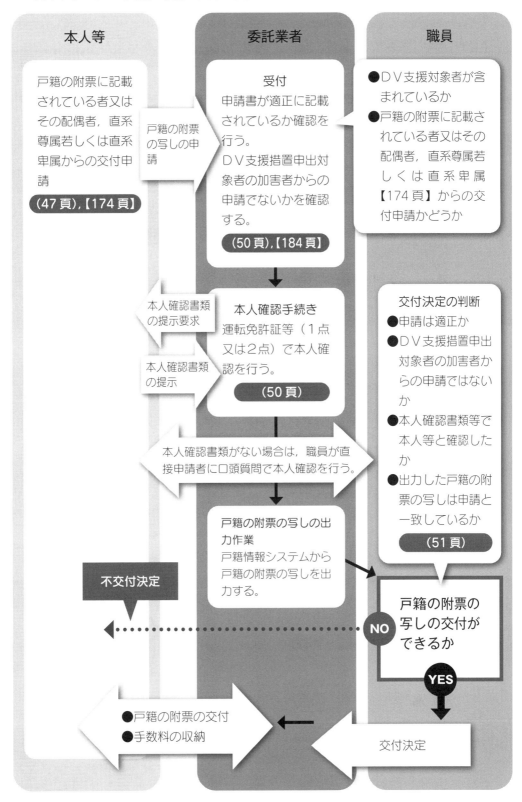

──── 〈第三者からの申請〉職員が戸籍の附票の写しを交付する流れ図 ────

第三者からの申請

● 自己の権利を行使し，又は自己の義務を履行するために戸籍の附票の記載事項を確認する必要がある者
● 国又は地方公共団体の機関に提出する必要がある者
● 上記の他，戸籍の附票の記載事項を利用する正当な理由がある者
● 特定事務受任者から受任している事件又は事務の依頼者が，上記に該当していることを理由に申請する場合
● 国又は地方公共団体の機関からの申請

（47頁）

戸籍の附票の写しの申請，添付書類も提出

本人確認書類の提示申請又は口頭質問を行う。

本人確認書類の提示又は回答

不交付決定

● 戸籍の附票の写しの交付
● 手数料の収納

職員

受付
① 申請書が適正に記載されているか確認を行う。
② DV支援措置申出対象者の加害者からの申請でないことの確認
③ 適正な第三者からの申請か

（51頁），【184頁】

● 権利関係を証明する契約書・申立書等のコピー等を添付していることが必要

④ 添付書類の内容は適正か
⑤ 本人確認を行う。
　運転免許証等（1点又は2点）で本人確認を行う。ない場合は口頭質問で行う

交付決定
①から⑤の項目が満たされているか。

NO / **YES**

戸籍の附票の写しの出力作業
戸籍情報システムから戸籍の附票の写しを出力する。

―〈第三者からの申請〉委託業者と職員が戸籍の附票の写しを交付する流れ図 ―

第三者からの申請

- ●自己の権利を行使し，又は自己の義務を履行するために戸籍の附票の記載事項を確認する必要がある者
- ●国又は地方公共団体の機関に提出する必要がある者
- ●上記の他，戸籍の附票の記載事項を利用する正当な理由がある者
- ●特定事務受任者から受任している事件又は事務の依頼者が，上記に該当していることを理由に申請する場合
- ●国又は地方公共団体の機関からの申請

（47 頁）

不交付決定

- ●戸籍の附票の写しの交付
- ●手数料の収納

戸籍の附票の
写しの申請

本人確認書類
の提示申請

本人確認書
類の提示

委託業者

受付
以下の項目の確認を行います。
① 申請書が適正に記載されているか
② DV 支援措置申出対象者の加害者からの申請でないか
③ 適正な第三者からの申請か

（52 頁），【184 頁】

④ 添付書類の内容は適正か
⑤ 本人確認を行う。運転免許証等（1 点又は 2 点）で本人確認を行う。ない場合は口頭質問で行う

本人確認書類がない場合は，職員が直接申請者に口頭質問で本人確認を行う。

**戸籍の附票の写し等の
出力作業**
戸籍情報システムから戸籍の附票の写しの証明書を出力する。
職員に申請書・戸籍の附票を引き継ぐ

申請書，戸籍の附票の写し
の引き継ぎ

職員

- ●権利関係を証明する契約書・申立書等のコピー等を添付していることが必要

交付決定の判断
- ●①から⑤が適正に行われていることが確認できたか
- ●出力した戸籍の附票は申請と一致しているか

戸籍の附票の
写しの交付が
できるか

NO

YES

❹ 戸籍の附票の写しの交付

1 戸籍の附票の写しの根拠法令・端末機等

項目	説明
主な根拠法令	「戸籍の附票」という名称ですが，戸籍法ではなく住民基本台帳法で定められています。
操作する端末機	戸籍情報システムの戸籍の附票の写し交付画面で処理します。 ※戸籍の附票のデータは，本籍地・戸籍の筆頭者が必要なため，戸籍情報システムで処理しています。
DV等被害者への支援措置	住民基本台帳事務（戸籍の附票）における支援措置申出者が対象
マイナンバー制度とマイナンバーカード	マイナンバーカードの電子証明書（利用者証明用の電子証明書）を活用したコンビニ交付サービス
事前登録型本人通知制度	各市区町村の条例・規則・要綱・要領等によります。事前登録が必要です。
窓口業務の一部委託	戸籍の附票の交付補助業務は一部委託が可能です。
個人情報保護対策	住民基本台帳法，個人情報の保護に関する法律等により，個人情報保護が担保されています。

2 戸籍の附票，戸籍簿，住民基本台帳，選挙人名簿，存外選挙人名簿の各記載項目

戸籍の附票の記載項目を図示すると次のようになります。

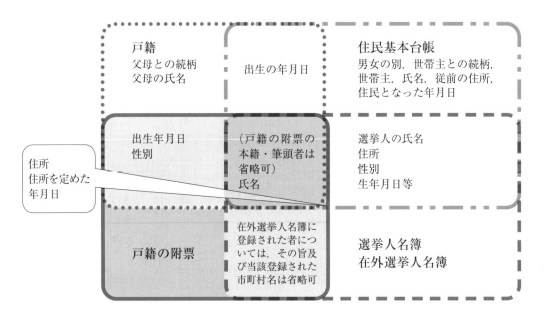

3　戸籍の附票の写しの種類と申請者一覧

種類	説明	申請者 住民基本台帳法第 20 条
戸籍の附票の写し	市区町村長は，戸籍を単位として戸籍の附票を作成します。 戸籍の附票の記載事項は，戸籍の表示・氏名・住所・住所を定めた年月日，生年月日，性別です。	○戸籍の附票に記載されている者又はその配偶者，直系尊属若しくは直系卑属 ○国又は地方公共団体の機関 ○自己の権利を行使し，又は自己の義務を履行するために戸籍の附票の記載事項を確認する必要がある者 ○国又は地方公共団体の機関に提出する必要がある者 ○その他戸籍の附票の記載事項を利用する正当な理由がある者 ○特定事務受任者
除戸籍の附票の写し	戸籍の附票の保存年限は，除籍又は改製された日から 150 年間保存します。 ※ただし，すでに保存期間を経過してしまっているもの（平成 26 年 6 月 19 日以前に消除又は改製したもの）については，交付することができません。	○戸籍の附票と同じ
改製原戸籍の附票の写し	戸籍の附票の保存年限は，除籍又は改製された日から 150 年間保存します（住民基本台帳法施行令第 34 条 1 項）。 ※ただし，すでに保存期間を経過してしまっているもの（平成 26 年 6 月 19 日以前に消除又は改製したもの）については，交付することができません。 戸籍情報システムが最近に導入された市区町村が対象となります。	○戸籍の附票と同じ

❹ 戸籍の附票の写しの交付

4　戸籍の附票の写しの交付場所

戸籍の附票の写しは，市区町村窓口・郵送・コンビニで交付しています。

戸籍の附票の写しの交付

市区町村窓口での申請

〈申請できる者〉

（戸籍の附票の写し，除戸籍の附票の写し，改製原戸籍の附票の写し）

- 本人等（戸籍の附票に記載されている者又はその配偶者，直系尊属若しくは直系卑属）からの申請
- 国又は地方公共団体の機関からの申請
- 第三者からの申請
- 特定事務受任者（8士業）からの申請

郵送での申請

〈申請できる者〉

- 本人等（戸籍の附票に記載されている者又はその配偶者，直系尊属若しくは直系卑属）からの申請
- 国又は地方公共団体の機関からの申請
- 第三者からの申請
- 特定事務受任者（8士業）からの申請

コンビニ交付による自動交付

〈申請できる者〉

- マイナンバーカード保持者（本人等からの申請）
  ※コンビニ交付に対応している市区町村に限ります。

5　本人等からの申請　職員が戸籍の附票の写しを交付する場合

(1)　申請書の提出

　本人等が戸籍証明書等交付申請書を職員に提出します。

(2)　DV等支援措置申出対象者かどうかの確認

　職員が申請書を受け取り，DV等支援措置申出対象者かどうかを確認します。

　市区町村にDV等に係る住民基本台帳事務における支援措置申出書の提出が住民からあった場合は，戸籍情報システム端末の本人画面に処理停止・証明書交付不可（戸籍情報システムの提供ベンダーにより呼び名が違います。）の処理がなされている表示が出ています。

　申請者が加害者であれば，不当な目的のため戸籍の附票の写しの交付は不可となります。

⑶　本人等の確認

　本人等とは，戸籍の附票に記載されている者又はその配偶者，直系尊属若しくは直系卑属をいいます（住民基本台帳法20条）。

　本人等から戸籍の附票の写しの交付申請があった場合は，マイナンバーカードその他の総務省令で定める方法により当該申請の任に当たっている者が本人であることを明らかにしなければなりません。

　本人確認の具体的な証明は住民票の写しの交付と同じです。

○本人確認の具体的な証明の例（住民基本台帳事務処理要領第3―3，第2―4―⑴）

	A 1枚の提示で足りるもの（例）	B Aに掲げる書類をやむを得ない理由により提示することができない場合は，現に申請の任に当たっている者が本人であることを確認するため市区町村長が適当と認める書類を提示し，若しくは提出する方法又は本人であることを説明させる方法その他の市区町村長が適当と認める方法
証明書の種類	• マイナンバーカード • 旅券（パスポート） • 運転免許証 • 海技免状 • 電気工事士免状 • 無線従事者免許証 • 動力車操縦者運転免許証 • 運航管理者技能検定合格者証明書 • 猟銃，空気銃所持許可証 • 特種電気工事資格者認定証 • 認定電気工事従事者認定証 • 耐空検査員の証 • 航空従事者技能証明書 • 宅地建物取引士証 • 船員手帳 • 戦傷病者手帳 • 教習資格認定証 • 検定合格証 • 身体障害者手帳 • 療育手帳 • 精神障害者保健福祉手帳 • 運転経歴証明書 • 在留カード • 特別永住者証明書 • 一時庇護許可書 • 仮滞在許可書 • 官公署がその職員に対して交付した身分証明書	○市区町村長が適当と認める書類 2枚以上の提示を求めることも考えること • Aに掲げる書類が更新中の場合に交付される仮証明書や引換証類 • 地方公共団体が交付する敬老手帳 • 生活保護受給者証 • 健康保険の被保険者証 • 各種年金証書　等 ○本人であることを説明させる方法 • 同一世帯の住民基本台帳の記載事項（世帯構成，同一世帯の者の生年月日等）について口頭で陳述させる。

　証明書等の提示又は提出があった場合でも，必要と判断されるときは，適宜，口頭で質問を行うことが適当です。

　申請者が証明書等を持参していないときは，住民票に記載された内容を口頭質問して，本人等であることを確認する必要があります。

(4)　申請事由の確認

　本人等からの申請の場合は，原則として申請事由の記載は必要ありませんが，DV等の支援措置の対象となっている場合は，住民基本台帳法第12条第2項第4号及び住民票省令第4条第2項第1号の規定により，戸籍の附票の写しの交付申請を拒否するかどうかの判断を行う必要があります。

　この場合は申請事由を明示させることが求められます。

(5)　代理人又は受任者からの窓口での申請の場合

- 代理人の場合は，代理人選任届（代理権授与通知書）が必要です。
- 委任の場合は，委任状（双方が委任契約を締結した書面）が必要です。
- 代理人又は受任者の本人確認は行う必要があります。
- 代理人又は受任者の確認書類は本人確認と同じです。
- 代理人又は受任者からの窓口での戸籍の附票の写しの交付は事前登録型本人通知制度の通知対象になります。

6　本人等からの申請　委託業者と職員が戸籍の附票の写しを交付する場合

(1)　申請書の提出

　本人等から戸籍証明書交付申請書を委託業者に提出します。

(2)　DV等支援措置申出対象者かどうかの確認

　委託業者は申請書を受け取り，DV等支援措置申出対象者かどうかを確認します。

　市区町村にDV等に係る住民基本台帳事務における支援措置申出書の提出が住民からあった場合は，戸籍情報システム端末の本人画面に処理停止・証明書交付不可（戸籍情報システムの提供ベンダーにより呼び名が違います。）の処理がなされている表示が出ています。

　申請者が加害者であれば，不当な目的のため戸籍の附票の写しの交付は不可となります。

(3)　本人等の確認

　委託業者が本人等であるかどうかを確認します。

　確認した旨を申請書にチェックします。

本人等とは，戸籍の附票に記載されている者又はその配偶者，直系尊属若しくは直系卑属をいいます（住民基本台帳法20条）。

本人等から戸籍の附票の写しの交付申請があった場合は，マイナンバーカードその他の総務省令で定める方法により当該申請の任に当たっている者が本人であることを明らかにしなければなりません（本人確認の具体的な証明は住民票の写しの交付と同じです。）。

証明書等を本人が持参していない場合は職員が口頭で質問をして本人確認を行います。

本人確認の具体的な証明の例は49頁を参照してください。

確認した旨を申請書にチェックし担当印又は署名をします。

⑷　端末機からの出力，職員への引き継ぎ

委託業者は申請書と戸籍情報システム端末機から出力した戸籍の附票の写しを職員に引き継ぎます。

⑸　職員の交付決定（不交付決定）の判断

職員は申請書に基づき，DV支援措置対象中の加害者からの申請ではないか，本人確認書類等で本人であるかを判断します。

証明書等の提示又は提出があった場合でも，必要と判断されるときは，適宜，口頭で質問を行うことができます。

本人等が証明書等を持参していないときは，職員が戸籍の附票に記載された内容を口頭質問して本人確認する必要があります。

職員が当該戸籍の附票の写し等の交付について決定します。

不交付にした場合は職員が申請者に説明します。

⑹　引継

職員が委託業者に申請書と戸籍の附票の写しを引き継ぎます。

⑺　会計

委託業者が戸籍の附票の写しの交付を行い，手数料を徴収します。

7　第三者からの申請　職員が戸籍の附票の写しを交付する場合

本人等以外の者（第三者）からの戸籍の附票の写しの申請に基づき職員が戸籍の附票の写し等を交付する流れを説明します。

⑴　申請書の提出

第三者が戸籍証明書等交付申請書を職員に提出する。

(2)　**適正な第三者からの申請かどうかの判断**

職員は適正な第三者からの申請であるか判断を行います。

加えて，第三者が DV 支援措置対象中の加害者からの申請ではないかを確認します。

第三者が DV 支援措置対象中の加害者からの申請であれば，戸籍の附票の写しの交付申請を拒否するかどうかの判断を行う必要があります。

適正な第三者の判断は住民票の写し等（28頁～）を参考にしてください。

(3)　**申請者の本人確認**

適正な申請であれば，申請者の本人確認をマイナンバーカードや運転免許証等で確認します。

本人を確認する証明書は本人等からの申請で例示しています。

ない場合は口頭質問で本人確認を行います。

(4)　**交付決定（不交付決定）**

DV 支援措置対象中の加害者ではなく，適正な第三者であり，本人確認ができている場合は交付決定を行い，戸籍情報システム端末機から戸籍の附票の写しを出力します。

不交付決定をした場合は申請者に説明します。

(5)　**戸籍の附票の写しの交付，手数料の徴収**

戸籍の附票の写しを交付するとともに，手数料を徴収します。

8　第三者からの申請　委託業者と職員が戸籍の附票の写しを交付する場合

窓口での本人等以外の者（第三者）からの戸籍の附票の写しの交付申請に基づき委託業者と職員が戸籍の附票の写しを交付する流れを説明します。

(1)　**申請書の提出**

第三者が戸籍証明書等交付申請書を委託業者に提出します。

(2)　**適正な第三者からの申請かどうかの確認**

委託業者は適正な第三者からの申請であるか確認を行います。

加えて，第三者が DV 支援措置対象中の加害者からの申請ではないかを確認します。

第三者が DV 支援措置対象中の加害者からの申請であれば，職員が戸籍の附票の写しの交付を拒否するかどうかの判断を行う必要があります。

この場合は申請事由を明示させることが求められます。

交付・不交付の判断・説明は職員が行います。

適正な第三者の判断は住民票の写し等（28頁~）を参考にしてください。

(3) 申請者の本人確認

委託業者は申請書の確認の結果問題がなければ，申請者の本人確認をマイナンバーカードや免許証等で行います。

本人を確認する証明書は本人等からの申請で例示しています（49頁）。

委託業者は申請の内容や本人確認に問題がない場合は，申請書にチェック済の旨を記載した後，担当者印又は署名をして，戸籍の附票を戸籍情報システム端末機から出力し，申請書とともに職員に引き継ぎます。

本人確認証明書がない場合は，職員が口頭質問で本人確認を行います。

(4) 職員の交付決定（不交付決定）

職員がDV支援措置対象中の加害者ではなく，適正な第三者であり，本人確認ができていると判断した場合は申請書と戸籍の附票の写しを委託業者に引き継ぎます。

職員が不交付と判断した場合は，職員が申請者に説明します。

(5) 戸籍の附票の写しの交付，手数料の徴収

委託業者は戸籍の附票の写しを交付するとともに，手数料を徴収します。

❹ 戸籍の附票の写しの交付

9　戸籍の附票の写しの申請書例

戸籍証明書等交付申請書の中に戸籍の附票の写しの申請の項目があります。

戸籍証明書等交付申請書

○○市区町村長　あて

令和○○年○○月○○日	
どなたの証明が必要ですか。	窓口に来られた方（申請者）
本籍 ○○市区町村	住所 ○○市区町村
筆頭者 （フリガナ）	氏名 （フリガナ） 明・大・昭・平・西暦　　　年　　月　　日生

個人事項証明 （抄本） ※謄本の場合は 　記入不要	必要な方の氏名 （フリガナ） 明・大・昭・平・令・西暦 　　　年　　月　　日生	続柄	必要な戸籍に記載されている方から見て □ 本人 □ 配偶者（夫又は妻） □ その他（　　　　　） □ 委任状・代理権授与通知書有

何が必要ですか	必要なものにチェックをつけて，枚数を記入してください。	何に使いますか	
	□ 全部事項証明書（謄本）　　　　　　　　通 □ 個人事項証明書（抄本）　　　　　　　　通 □ 平成改製原戸籍　謄本・抄本　　　　　　通 □ 改製原戸籍　謄本・抄本　　　　　　　　通 □ 除籍謄本・抄本　　　　　　　　　　　　通 □ 戸籍の附票の写し　全部・一部（　　）　通 □ 受理証明書（　　）届　　　　　　　　　通 昭和・平成・令和　年　月　日届出 □ 戸籍記載事項証明書（　　）届　　　　　通 昭和・平成・令和　年　月　日届出 □ その他の証明書 （　　　　　　　）　　　　　　　　　　　通		 □ ○○市町村手数料条例 等施行規則第○条に定める 減免の申請をします。

本人確認	1点確認　個人番号カ・運転免許証・旅券・写住基カ・（　　　） 2点確認　健康保険証・年金証書・学生証・社員証・（　　　）

> 戸籍の附票の写しの申請はこの欄にチェックします。

⑤　戸籍謄抄本等の交付

　戸籍は，人の出生から死亡に至るまでの親族関係を登録公証するもので，日本国民について編製され，日本国籍も公証する唯一の制度です。

　戸籍の帳簿を戸籍簿といい，戸籍謄抄本は戸籍簿の写しです。

　謄本は戸籍の記載の全部の写しで，抄本は個人の写しです。

　ただし，戸籍に記載されている人が 1 人の場合は全部の写しになるので謄本になります。

　全ての市区町村では戸籍情報システムが導入されていますので，謄本を全部事項証明，抄本を個人事項証明と表示しています。

　戸籍謄抄本の申請理由としては，①相続関係手続，②年金・社会保険関係手続，③旅券関係手続，④戸籍届出に使用が多いようです。

　近年，こうした状況においても，他人の戸籍謄抄本等を不正に取得する事件が発生しています。

　また，消費者金融から借入を行う等の目的で，他人が勝手に偽造した婚姻届や養子縁組届を提出して，戸籍に真実でない記載がされるという事件も発生しています。

　そこで，平成 20 年 5 月から，「誰でも戸籍謄抄本等の交付申請ができる」という従来の公開原則を改め，第三者が戸籍謄抄本等の交付申請ができる場合を制限し，また，虚偽の届出によって戸籍に真実でない記載がされないようにするため，戸籍届出の際の本人確認などが法制化されました。

　自分の情報を他人に知られたくない意識が高まり，個人情報保護に関する法律も整備されています。

⑤　戸籍謄抄本等の交付

──────── 〈本人等からの申請〉職員が交付する流れ図 ────────

本人等からの申請

- ●戸籍に記載されている者又はその配偶者
- ●直系尊属
- ●直系卑属

(60頁),【174頁】

戸籍謄抄本等の
申請 →

本人確認書類の
提示申請又は口
頭質問を行う。

本人確認書類の
提示又は回答 →

職員

受付
①申請書が適正に記載されているか確認する。
②戸籍に記載されている者等からの申請であるかを確認する。

(63頁)

③運転免許証等（1点又は2点）又は口頭で本人確認を行う。

(63頁〜)

④請求の理由が不当でないか確認する。　**(65頁)**

申請は適正か。
①から④の項目が確認されているか。

NO

YES

不交付決定

- ●戸籍謄抄本等の交付
- ●手数料の収納

戸籍謄抄本等の交付作業
戸籍情報システムから戸籍謄抄本全部（一部）事項証明書等の証明書を出力する。

──── 〈本人等からの申請〉委託業者と職員が交付する流れ図 ────

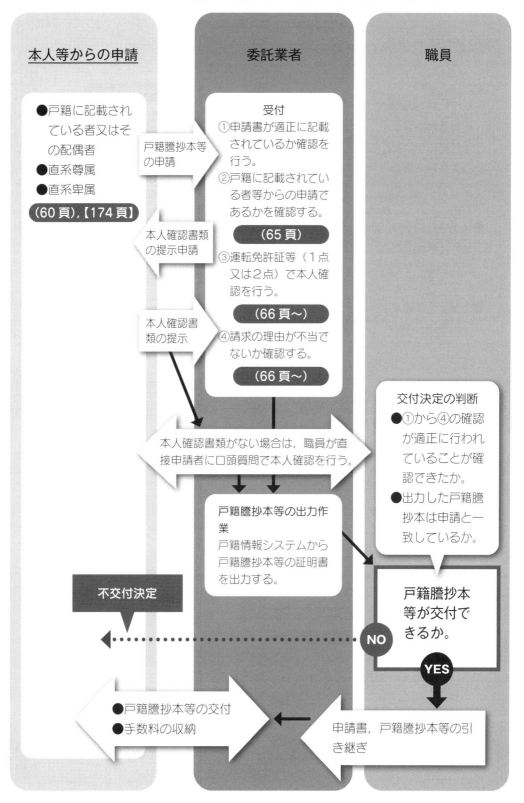

本人等からの申請

- ●戸籍に記載され
  ている者又はそ
  の配偶者
- ●直系尊属
- ●直系卑属

(60頁),【174頁】

戸籍謄抄本等
の申請

本人確認書類
の提示申請

本人確認書
類の提示

委託業者

受付
①申請書が適正に記載
　されているか確認を
　行う。
②戸籍に記載されてい
　る者等からの申請で
　あるかを確認する。

(65頁)

③運転免許証等（1点
　又は2点）で本人確
　認を行う。

(66頁〜)

④請求の理由が不当で
　ないか確認する。

(66頁〜)

本人確認書類がない場合は，職員が直
接申請者に口頭質問で本人確認を行う。

戸籍謄抄本等の出力作
業
戸籍情報システムから
戸籍謄抄本等の証明書
を出力する。

不交付決定

職員

交付決定の判断
- ●①から④の確認
  が適正に行われ
  ていることが確
  認できたか。
- ●出力した戸籍謄
  抄本は申請と一
  致しているか。

戸籍謄抄本
等が交付で
きるか。

NO

YES

- ●戸籍謄抄本等の交付
- ●手数料の収納

申請書，戸籍謄抄本等の引
き継ぎ

❺戸籍謄抄本等の交付

━━━━━ 〈第三者からの申請〉職員が交付する流れ図 ━━━━━

第三者からの申請

- ●自己の権利を行使し，又は自己の義務を履行するために戸籍の記載事項を確認する必要がある者
- ●国又は地方公共団体の機関に提出する必要がある場合
- ●上記2つの●に掲げる場合のほか，戸籍の記載事項を利用する正当な理由がある場合
- ●国又は地方公共団体の機関からの申請
- ●特定事務受任者から受任している事件又は事務の依頼者が，上記に該当していることを理由に申請する場合

（68頁〜）

戸籍謄抄本等の申請 →

職員

受付　（68頁〜）

①申請書が適正に記載されているか確認を行う。

②適正な第三者からの申請か

●権利関係を証明する契約書・申立書等のコピー等を添付していることが必要

③添付書類の内容は適正か

④本人確認を行う。
運転免許証等（1点又は2点）で本人確認を行う。ない場合は口頭質問を行う

← 本人確認書類の提示申請又は口頭質問を行う。

本人確認書類の提示又は回答 →

交付できるか。
①から④の項目が満たされているか。

NO ‥‥‥‥‥→

不交付決定

YES

戸籍謄抄本等の出力作業
戸籍情報システムから戸籍謄抄本等の証明書を出力する。

← ●戸籍謄抄本等の交付
●手数料の収納

〈第三者からの申請〉委託業者と職員が交付する流れ図

第三者からの申請	委託業者	職員

第三者からの申請

- 自己の権利を行使し，又は自己の義務を履行するために戸籍の記載事項を確認する必要がある者
- 国又は地方公共団体の機関に提出する必要がある場合
- 上記2つの●に掲げる場合のほか，戸籍の記載事項を利用する正当な理由がある場合
- 国又は地方公共団体の機関からの申請
- 特定事務受任者から受任している事件又は事務の依頼者が，上記に該当していることを理由に申請する場合（70頁〜）

戸籍謄抄本等の申請

本人確認書類の提示要求

本人確認書類の提示

委託業者

受付
以下の項目の確認を行います。
①申請書が適正に記載されているか確認を行う。
②適正な第三者からの申請か。（70頁）
③添付書類の内容は適正か。
④本人確認を行う。

本人確認書類がない場合は，職員が直接申請者に口頭質問で本人確認を行う。

戸籍謄抄本等の出力作業
戸籍情報システムから戸籍謄抄本等の証明書を出力する。

不交付決定

職員

- 権利関係を証明する契約書・申立書等のコピー等を添付していることが必要

交付決定の判断
①から④の確認が適正に行われていることが確認できたか。
出力した戸籍謄抄本等は申請と一致しているか。

戸籍謄抄本等の交付ができるか。　NO → YES

申請書，戸籍謄抄本等の引き継ぎ

- 戸籍謄抄本等の交付
- 手数料の収納

❺戸籍謄抄本等の交付

1   戸籍謄抄本等の根拠法令・端末機等

項目	説明
主な根拠法令	戸籍法，戸籍法施行規則を参照ください。
操作する端末機	戸籍情報処理システムの戸籍謄抄本交付画面から処理します。
DV 被害者等への支援措置	DV 支援措置制度の対象外
マイナンバー制度とマイナンバーカード	マイナンバーカードの電子証明書（利用者証明用の電子証明書）を活用した戸籍全部・個人事項証明書のコンビニ交付サービス
事前登録型本人通知制度	各市区町村の条例・規則・要綱・要領等によります。
窓口業務の一部委託	戸籍謄抄本の交付補助は窓口業務の一部委託が可能
個人情報保護対策	戸籍法，個人情報の保護に関する法律等により，個人情報保護が担保されています。

2   戸籍に関する証明書交付（謄抄本等）の種類及び説明

　以下の表の説明は，戸籍情報システムを導入している市区町村を前提とした説明になります。

　このため，謄抄本の用語は使用せず，全部事項証明書・個人事項証明書の名称を使用しています。

戸籍謄抄本等の種類	説　　明	申請できる者
戸籍全部事項証明書	戸籍に記載している全員を証明するもの（戸籍情報システムから出力したもの）。	○戸籍に記載されている者等からの申請 ・本人 ・配偶者（夫・妻） ・直系尊属（父母や祖父母） ・直系卑属（子や孫）など ○第三者からの申請 ・自己の権利を行使し，又は自己の義務を履行するために戸籍の記載事項を確認する必要がある場合 ・国又は地方公共団体の機関に提出する必要がある場合 ・戸籍の記載事項を利用する正当な理由がある場合 ○公用申請（国又は地方公共団体の機関からの申請） ○弁護士等からの申請（特定事務受任者からの申請）
戸籍個人事項証明書	戸籍に記載している一部の人を証明するもの（戸籍情報システムから出力したもの）。
平成改製原戸籍謄本	戸籍に記載している全員を証明するもの。平成 6 年以降に戸籍をコンピューターで管理する以前の戸籍。
平成改製原戸籍抄本	戸籍に記載している一部の人を証明するもの。平成 6 年以降に戸籍をコンピューターで管理する以前の戸籍。
平成改製不適合戸籍謄本	戸籍に記載している全員を証明するもの。戸籍をコンピューターで管理している場合で，戸籍に記載された自らの氏名の文字の字形に愛着を持つ者の申出により，紙又は画像データで保管している場合。
平成改製不適合戸籍抄本	戸籍に記載している一部を証明するもの。戸籍をコンピューターで管理している場合で，戸籍に記載された自らの氏名の文字の字形に愛着を持つ者の申出により，紙又は画像データで保管している場合。

除籍全部事項証明書	除籍に記載している全員を証明するもの。除籍になった時点で，戸籍をコンピューターで管理している除籍。	
除籍個人事項証明書	除籍に記載している一部を証明するもの。戸籍をコンピューターで管理している除籍。	
除籍謄本	除籍に記載している全員を証明するもの。戸籍をコンピューターで管理する以前の除籍。	
除籍抄本	除籍に記載している一部を証明するもの。戸籍をコンピューターで管理する以前の除籍。	
昭和改製原戸籍謄本	昭和32年の法務省令により改製された戸籍に記載された全員を証明するもの。	
昭和改製原戸籍抄本	昭和32年の法務省令により改製された戸籍に記載された一部を証明するもの。	
届書記載事項証明書	利害関係人は，特別の事由がある場合に限り（単に財産上の利害関係を持つにすぎない者の申請は認めない。届出事件本人又は届出人，事件本人の家族又は親族，職務執行に関係がある官公吏が申請した場合のみ認める。）届書その他市区町村長の受理した書類の閲覧を請求し，又はその書類に記載した事項について証明書を請求することができる（戸籍法第48条第2項）。	利害関係人（特別な事由がある場合に限る）
受理証明書	戸籍届出の受理をした証明書	届出人
身分証明書	身分証明書は，本籍，筆頭者，本人氏名，生年月日を特定し， 1　禁治産又は準禁治産の通知を受けていない。 2　後見の登記の通知を受けていない。 3　破産宣告又は破産手続開始決定の通知を受けていない。 ことを証明する書類です。 ○使用目的としては，行政機関のその他の資格登録機関に許認可や登録申請を行う場合，民間における商取引等の経済活動において，自らの信用状況を第三者に証明する場合（警備会社へ就職のときなど）があります。 ○従来は禁治産・準禁治産宣告が戸籍に記載されていましたが，後見登記等に関する法律の施行（平12.4.1）により成年後見登記制度に移行しました。	本人
独身証明書	婚姻していない証明	本人
不在籍証明書	本籍地に該当しない証明	不在籍の証明を求める人

❺ 戸籍謄抄本等の交付

3　戸籍謄抄本等の交付場所

　戸籍謄抄本等については，大きく分けて市区町村窓口，郵送，コンビニでの申請があります。

○市区町村窓口に来庁されての申請

　多くの戸籍謄本等は本庁，支所，サービスセンター，出張所で申請があります。

○郵送での申請

　本籍地が当該市区町村にない者，第三者，国又は地方公共団体，特定事務受任者からの申請等があります。

○マイナンバーカードを使ったコンビニでの戸籍全部事項証明書，戸籍個人事項証明書の申請

　コンビニのキオスク端末を利用した申請方法です。

　戸籍全部事項証明書，戸籍個人事項証明書が申請できます（コンビニ交付をしている市区町村に限ります。）。

戸籍謄抄本等の申請

　市区町村窓口での申請

　〈申請できる者〉

・戸籍に記載されている者等からの申請
・第三者からの申請
　・自己の権利を行使し，又は自己の義務を履行するために戸籍の
　　記載事項を確認する必要がある者
　・国又は地方公共団体の機関に提出する必要がある者
　・戸籍の記載事項を利用する正当な理由がある場合
　・弁護士等からの申請（特定事務受任者からの申請）
　・国又は地方公共団体の機関からの申請

　郵送での申請

　〈申請できる者〉

・戸籍に記載されている者等からの申請（海外に居住している戸籍に記
　載されている者からの申請もある。）
・第三者からの申請
　・自己の権利を行使し，又は自己の義務を履行するために戸籍の
　　記載事項を確認する必要がある者
　・国又は地方公共団体の機関に提出する必要がある者
　・戸籍の記載事項を利用する正当な理由がある場合
　・弁護士等からの申請（特定事務受任者からの申請）
　・国又は地方公共団体の機関からの申請

　コンビニ交付による自動交付

　※コンビニ交付による自動交付を実施している市区町村に限ります。

　〈申請できる者〉

・マイナンバーカード保持者（戸籍に記載されている者）

　〈申請できる戸籍謄抄本等〉

・戸籍全部事項証明書，戸籍個人事項証明書

4　本人等からの申請　職員が戸籍謄抄本等を交付する場合

⑴　戸籍に記載されている者等からの申請

　戸籍に記載されている者又はその配偶者，直系尊属若しくは直系卑属は，その戸籍の謄本若しくは抄本又は戸籍に記載した事項に関する証明書（以下「戸籍謄本等」という。）の交付の申請をすることができます（戸籍法第10条第1項関係）。

⑵　本人確認

　本人確認は，戸籍法施行規則第11条の2（戸籍謄本等の交付申請における本人確認の方

法）で下記のとおり決まっています。「氏名及び住所」又は「氏名及び生年月日」が確認できるものであることが前提です。

証明書の種類	1枚の提示で足りるもの（例）	2枚以上の提示が必要なもの（例）
	• マイナンバーカード（個人番号カード） • 運転免許証 • 旅券（パスポート） • 在留カード • 特別永住者証明書 • 船員手帳 • 身体障害者手帳 • 無線従事者免許証 • 海技免状 • 小型船舶操縦免許証 • 宅地建物取引士証 • 航空従事者技能証明書 • 耐空検査員の証 • 運航管理者技能検定合格証明書 • 動力車操縦者運転免許証 • 猟銃・空気銃所持許可証 • 教習資格認定書 • 運転経歴証明書（平成24年4月1日以降に交付されたものに限る。） • 電気工事士免状 • 特種電気工事資格者認定証 • 認定電気工事従事者認定証 • 療育手帳 • 戦傷病者手帳 • 警備業法に規定する合格証明書 • 学生証（国・県・市立等の学生証）（※2） • 教職員証（国・県・市立等の幼小中高大） • 国若しくは地方公共団体の機関が交付した身分証明書	○イの中から2点 ○イとロで2点 イ • 国民健康保険証 • 健康保険証 • 船員保険証 • 介護保険被保険者証 • 共済組合員証 • 国民年金手帳 • 国民年金，厚生年金保険若しくは船員保険に係る年金証書 • 共済年金若しくは恩給の証書 • 印鑑登録証明書 • その他市区町村長がこれらに準ずるものとして適当と認める書類 ロ • 学生証（写真付） • 法人が交付した身分証明書（写真付） • 国若しくは地方公共団体の機関が交付した資格証明書（写真付） • その他市区町村長がこれらに準ずるものとして適当と認める書類

※1　マイナンバー通知カードは，本人確認書類として取り扱うことは適当ではありません。
※2　学生証・教職員証は，国立大学法人・私立のものであれば，イの取扱いになります。

⑶　免許証等がなく上記証明書で本人確認ができない場合（戸籍法施行規則第11条の2第3号）

職員は戸籍の記載事項について申請者等に質問を行い，本人確認を行います。

（例）

◎父母・妻・子・兄弟の氏名，従前本籍地等を本人からその場で聞きとり，戸籍の内容と合致するかで本人確認を行う。

　上記の本人確認を行った後に本人と確認できれば，本人から確認書を提出してもらうことになります。

×証明書，口頭質問で本人と確認できなかった場合

　戸籍謄抄本等の不交付決定（公証不可）を行い，当該来庁者に決定結果を通知しま

す。

⑷　不当な目的による申請かどうかの判断

　不当な目的とは，プライバシーの侵害（例えば身元調査など）や差別につながるような目的による申請をいいます。

　申請が不当な目的の場合は，市区町村長は戸籍謄抄本等の交付を拒むことができます（不交付決定）。

⑸　出力

　戸籍情報システムから戸籍謄抄本等を出力します。

⑹　会計

　申請者に戸籍謄抄本等を交付し，手数料を徴収します。

　※　代理人又は受任者からの申請
　　　本人からの代理権授与通知書又は委任状を添えて，代理人又は受任者から窓口で戸籍謄抄本の交付申請があった場合は，戸籍に記載されている者等からの申請に準じて取り扱います。
　　　代理人の本人確認も運転免許証等の1点又は2点の確認や口頭質問により行います。

○代理人選任届

　代理とは，代理人がその権限内において本人のためにすることを示してした意思表示です。その効力は，本人に対して直接にその効力を生じます（民法99条）。

　代理人による戸籍謄抄本等の交付申請は，代理人選任届（代理権授与通知書）の提出が必要です。

○委任状

　委任は，当事者の一方が法律行為（この場合は戸籍謄抄本等の申請及び受領）をすることを相手方に委託し，相手方がこれを承諾することにより，その効力が生じます（民法第643条）。

　委任による戸籍謄抄本等の交付申請は，委任状の提出が必要です。

　なお，受任者欄は受任者が記載します。

5　本人等からの申請　委託業者と職員が戸籍謄抄本等を交付する場合

⑴　戸籍に記載されている者等からの申請

　戸籍に記載されている者又はその配偶者，直系尊属若しくは直系卑属は，その戸籍の謄本若しくは抄本又は戸籍に記載した事項に関する証明書交付の申請をすることができます（戸籍法第10条第1項関係）。

❺戸籍謄抄本等の交付

申請者は委託業者に申請書を提出します。

⑵　本人確認作業・不当な目的でないことの確認作業

　本人確認は，戸籍法施行規則第11条の2（戸籍謄本等の交付申請における本人確認の方法）で下記のとおり決まっています。「氏名及び住所」又は「氏名及び生年月日」が確認できるものであることが前提です。

　委託業者は下記の証明書の提示を申請者に求め，本人確認作業を行います。

　ア　戸籍の謄本等の交付申請における本人確認証明書

証明書の種類	1枚の提示で足りるもの（例）	2枚以上の提示が必要なもの（例）
	・マイナンバーカード（個人番号カード） ・運転免許証 ・旅券（パスポート） ・在留カード ・特別永住者証明書 ・船員手帳 ・身体障害者手帳 ・無線従事者免許証 ・海技免状 ・小型船舶操縦免許証 ・宅地建物取引士証 ・航空従事者技能証明書 ・耐空検査員の証 ・運航管理者技能検定合格証明書 ・動力車操縦者運転免許証 ・猟銃・空気銃所持許可証 ・教習資格認定書 ・運転経歴証明書（平成24年4月1日以降に交付されたものに限る。） ・電気工事士免状 ・特種電気工事資格者認定証 ・認定電気工事従事者認定証 ・療育手帳 ・戦傷病者手帳 ・警備業法に規定する合格証明書 ・学生証（国・県・市立等の学生証）（※2） ・教職員証（国・県・市立等の幼小中高大） ・国若しくは地方公共団体の機関が交付した身分証明書	○イの中から2点 ○イとロで2点 イ ・国民健康保険証 ・健康保険証 ・船員保険証 ・介護保険被保険者証 ・共済組合員証 ・国民年金手帳 ・国民年金，厚生年金保険若しくは船員保険に係る年金証書 ・共済年金若しくは恩給の証書 ・印鑑登録証明書 ・その他市区町村長がこれらに準ずるものとして適当と認める書類 ロ ・学生証（写真付） ・法人が交付した身分証明書（写真付） ・国若しくは地方公共団体の機関が交付した資格証明書（写真付） ・その他市区町村長がこれらに準ずるものとして適当と認める書類

　※1　マイナンバー通知カードは，本人確認書類として取り扱うことは適当ではありません。
　※2　学生証・教職員証は，国立大学法人・私立のものであれば，イの取扱いになります。

　イ　委託業者が不当な目的による申請かどうかの確認を行う。

　　不当な目的とは，プライバシーの侵害や差別につながるような目的による申請をいいます（例えば身元調査など）。

　ウ　委託業者は本人確認作業及び不当な目的でないかの確認作業を終えたのち戸籍謄抄本等を戸籍情報システムから出力し，職員に引き継ぎます。

⑶　**免許証等がなく上記証明書で本人確認ができない場合（戸籍法施行規則第11条の2第3号）**

戸籍の記載事項について聞き，職員が本人確認を行います。

（例）

◎父母・妻・子・兄弟の氏名，従前本籍地等を本人から言ってもらい，戸籍の内容と合致するかで本人確認を行う。

上記の本人確認を行った後に本人と確認できれば，本人から<u>確認書を提出してもらうことになります。</u>

×証明書，口頭質問で本人と確認できなかった場合

戸籍謄抄本等の不交付決定（公証不可）を行い，当該来庁者に決定結果を通知します。

⑷　**職員は戸籍謄抄本等の交付（不交付）決定**

職員は委託業者から引き継いだ申請書に基づき，戸籍謄抄本等の交付（不交付）決定を行います。

- 申請書は適正に記載されているか
- 戸籍に記載されている者等からの申請であるか
- 本人確認ができているか
- 請求の理由が不当でないか

不交付決定をした場合は職員が申請者にその旨を説明します。

交付決定をした場合は，申請書と戸籍謄抄本等を委託業者に引き継ぎます。

⑸　**会計**

委託業者は申請者に戸籍謄抄本等を交付し，手数料を徴収します。

※　代理人又は受任者からの申請

本人からの代理権授与通知書又は委任状を添えて，代理人又は受任者から窓口で戸籍謄抄本の交付申請があった場合は，戸籍に記載されている者等からの申請に準じて取り扱います。

代理人の本人確認も運転免許証等の1点又は2点の確認や口頭質問により行います。

○代理人選任届

代理とは，代理人がその権限内において本人のためにすることを示してした意思表示です。その効力は，本人に対して直接にその効力を生じます（民法99条）。

代理人による戸籍謄抄本等の交付申請は，代理人選任届（代理権授与通知書）の提出が必要です。

○委任状

委任は，当事者の一方が法律行為（この場合は戸籍謄抄本等の申請及び受領）をすることを相手方に委託し，相手方がこれを承諾することにより，その効力が生じます（民

❺ 戸籍謄抄本等の交付

法第 643 条)。

　委任による戸籍謄抄本等の交付申請は，委任状の提出が必要です。

　なお，受任者欄は受任者が記載します。

6　第三者からの申請　職員が戸籍謄抄本を交付する場合

公用請求，弁護士等請求も併せて説明しています（戸籍法第 10 条の 2）。

申請者が職員に戸籍謄抄本等の申請書を提出します。

(1)　第三者申請の要件

　戸籍法第 10 条の 2 では，戸籍の謄本等の第三者申請の要件について定めています。

❶　自己の権利を行使し，又は自己の義務を履行するために戸籍の記載事項を確認する必要がある場合

　権利又は義務の発生原因及び内容並びに当該権利を行使し，又は当該義務を履行するために戸籍の記載事項の確認が求められる場合をいいます。

　契約書のコピー等で必要とする理由を確認する必要があります。

　（例）　債権者（金融機関，不動産賃貸事業者，個人等）が，金〇〇〇万円を貸し付けたが，債務者が弁済期日までに死亡し，貸金返還を求めるため戸籍により相続人を特定する必要がある場合

　（例）　生命保険の被保険者が死亡し，生命保険会社が保険金を支払わなければならないが，受取人が既に死亡しており，法定相続人に対し保険金を支払うため，戸籍により相続人を特定する必要がある場合　等

❷　国又は地方公共団体の機関に提出する必要がある場合

　戸籍謄本等を提出すべき国又は地方公共団体の機関及び当該機関への提出を必要とする理由が必要です。

　調停申立書や税務署への提出書類のコピーが必要です。

　（例）　相続人が被相続人の遺産についての遺産分割調停の申立てに際して，添付資料として，被相続人が記載されている戸籍謄本を家庭裁判所へ提出する必要がある場合

　（例）　相続人が被相続人の財産を相続したが，相続税の添付書類として，被相続人の戸籍謄本を税務署に提出する必要がある場合　等

❸　その他，戸籍の記載事項を利用する正当な理由がある場合

　戸籍の記載事項の利用の目的及び方法並びにその利用を必要とする事由が必要です。

　（例）　自分の兄弟に財産を相続させる旨の公正証書遺言を作成してもらうため，兄弟の戸籍謄本を公証役場に提出する必要がある場合

　（例）　成年後見人である本人が，成年被後見人が亡くなった後，遺品を相続人である遺族に渡すため，成年被後見人の相続人を特定する必要がある場合　等

❹　特定事務受任者（8士業）からの窓口での申請

　職務上申請書（戸籍謄本・住民票の写し等職務上申請書）の使用が認められている特定事務受任者（8士業）とは，弁護士・司法書士・土地家屋調査士・税理士・社会保険労務士・弁理士・海事代理士及び行政書士のことをいいます。

　特定事務受任者は受任している事件又は事務に関する業務を遂行するために必要がある場合には，戸籍謄本等の交付の申請をすることができます。この場合において，当該申請をする者は，その有する資格，当該業務の種類，当該事件又は事務の依頼者の氏名又は名称及び当該依頼者についての戸籍法第10条の2第1項各号に定める事項を明らかにする必要があります。

　また，申請は職務上統一申請書を用います。

（窓口で特定事務受任者（8士業）からの戸籍申請が行われる場合）

　ア　特定事務受任者からの申請の場合は，以下の項目が記載されている写真付資格者証が必要です。
- 特定事務受任者の氏名
- 登録番号
- 事務所の名称及び所在地
- 特定事務受任者であることを証する書類の交付主体
- 特定事務受任者の顔写真

　イ　特定事務受任者の事務補助者が申出をする場合は，以下の項目が記載されている特定事務受任者の事務補助者であることを証する写真付補助者証が必要です。
- 補助者の氏名
- 補助者を使用する弁護士等の氏名（又は補助者の所属する弁護士等の事務所の名称）
- 事務所の名称及び所在地
- 交付主体
- 補助者の顔写真

❺　国又は地方公共団体の機関からの申請

　戸籍法第10条の2第2項では，国又は地方公共団体の機関は，法令の定める事務を遂行するために必要がある場合には，戸籍謄本等の交付の申請をすることができます。この場合において，当該申請の任に当たる権限を有する職員は，その官職，当該事務の種類及び根拠となる法令の条項並びに戸籍の記載事項の利用の目的を明らかにしてこれをしなければならないと定められています。

　区画整理や道路事業等で国又は地方公共団体が，土地の権利者（相続人）を調査する必要がある場合などが挙げられます。

　国又は地方公共団体の機関からの申請には，根拠となる法律が明記されていることが必要です。

❺
戸籍謄抄本等の交付

⑵ 本人確認

　通常，第三者からの申請は証明書として資格証，職員証，運転免許証等の持参を求めています。

　本人確認書類がない第三者については，申請者に聞き取りを行い，本人確認をします。

⑶ 交付（不交付）決定

　職員は次のことを確認して交付（不交付）決定をします。

- ・申請書が適正に記載されているか
- ・適正な第三者からの申請か
- ・添付書類の内容は適正か
- ・本人確認はできているか

　不交付の場合は職員が申請者に説明します。

⑷ 戸籍謄抄本等の出力作業

　職員は戸籍情報システムから戸籍謄抄本等の証明書を出力します。

⑸ 会計

　職員は申請者に戸籍謄抄本等を交付し，手数料を徴収します。

7 第三者からの申請 委託業者と職員が戸籍謄抄本を交付する場合

公用請求，弁護士等請求も併せて説明します（戸籍法第10条の2）。

　申請者が委託業者に戸籍謄抄本等の申請書を提出し，委託業者は申請者が適正な第三者かどうかを確認します。

⑴ 第三者申請の要件

戸籍法第10条の2では，戸籍の謄本等の第三者申請の要件について定めています。

❶ 自己の権利を行使し，又は自己の義務を履行するために戸籍の記載事項を確認する必要がある場合

　権利又は義務の発生原因及び内容並びに当該権利を行使し，又は当該義務を履行するために戸籍の記載事項の確認を必要とする理由が必要です。

　契約書のコピー等で必要とする理由を確認する必要があります。

　（例）　債権者（金融機関，不動産賃貸事業者，個人等）が，金○○○万円を貸し付けたが，債務者が弁済期日までに死亡した。

　　　　貸金返還を求めるため戸籍により相続人を特定する必要がある場合

　（例）　生命保険の被保険者が死亡し，生命保険会社が保険金を支払わなければならないが，受取人が既に死亡しており，法定相続人に対し保険金を支払うため，戸籍により相続人を特定する必要がある場合　等

❷　国又は地方公共団体の機関に提出する必要がある場合

　戸籍謄本等を提出すべき国又は地方公共団体の機関及び当該機関への提出を必要とする理由が必要です。

　調停申立書や税務署への提出書類のコピーが必要です。

　（例）　相続人が被相続人の遺産についての遺産分割調停の申立てに際して，添付資料として，被相続人が記載されている戸籍謄本を家庭裁判所へ提出する必要がある場合

　（例）　相続人が被相続人の財産を相続したが，相続税の添付書類として，被相続人の戸籍謄本を税務署に提出する必要がある場合　等

❸　その他，戸籍の記載事項を利用する正当な理由がある場合

　戸籍の記載事項の利用の目的及び方法並びにその利用を必要とする事由が必要です。

　（例）　自分の兄弟に財産を相続させる旨の公正証書遺言を作成してもらうため，兄弟の戸籍謄本を公証役場に提出する必要がある場合

　（例）　成年後見人である本人が，成年被後見人が亡くなった後，遺品を相続人である遺族に渡すため，成年被後見人の相続人を特定する必要がある場合　等

❹　国又は地方公共団体の機関からの申請

　戸籍法第10条の2第2項では，国又は地方公共団体の機関は，法令の定める事務を遂行するために必要がある場合には，戸籍謄本等の交付の申請をすることができます。この場合において，当該申請の任に当たる権限を有する職員は，その官職，当該事務の種類及び根拠となる法令の条項並びに戸籍の記載事項の利用の目的を明らかにしてこれをしなければならないと定められています。

　区画整理や道路事業等で国又は地方公共団体が，土地の権利者（相続人）を調査する必要がある場合などが挙げられます。

　国又は地方公共団体の機関からの申請には，根拠となる法律が明記されていることが必要です。

❺　特定事務受任者（8士業）からの窓口での申請

　職務上申請書（戸籍謄本・住民票の写し等職務上申請書）の使用が認められている特定事務受任者（8士業）とは，弁護士・司法書士・土地家屋調査士・税理士・社会保険労務士・弁理士・海事代理士及び行政書士のことをいいます。

　特定事務受任者は受任している事件又は事務に関する業務を遂行するために必要がある場合には，戸籍謄本等の交付の申請をすることができます。この場合において，当該申請をする者は，その有する資格，当該業務の種類，当該事件又は事務の依頼者の氏名又は名称及び当該依頼者についての戸籍法第10条の2第1項各号に定める事

❺戸籍謄抄本等の交付

項を明らかにする必要があります。

　また，申請は職務上統一申請書を用います。

　委託業者は次の項目が記載されているかを確認します。

（特定事務受任者（8士業）からの戸籍申請が行われる場合）

　ア　特定事務受任者からの申請の場合は，以下の項目が記載されている写真付資格者証が必要です。

- 特定事務受任者の氏名
- 登録番号
- 事務所の名称及び所在地
- 特定事務受任者であることを証する書類の交付主体
- 特定事務受任者の顔写真

　イ　特定事務受任者の事務補助者が申出をする場合は，以下の項目が記載されている特定事務受任者の事務補助者であることを証する写真付補助者証が必要です。

- 補助者の氏名
- 補助者を使用する弁護士等の氏名（又は補助者の所属する弁護士等の事務所の名称）
- 事務所の名称及び所在地
- 交付主体
- 補助者の顔写真

(2)　委託業者の確認

　通常，第三者からの申請は証明書として資格証，職員証，運転免許証等の持参を求めています。

　委託業者は戸籍情報システムから戸籍謄抄本等を出力し，申請書と一緒に職員に引き継ぎます。

(3)　職員の交付（不交付）決定

　職員は次のことを確認して交付（不交付）決定をします。

- 申請書が適正に記載されているか
- 適正な第三者からの申請か
- 添付書類の内容は適正か
- 本人確認はできているか

　不交付の場合は職員が申請者に説明します。

(4)　引継

　申請内容が適正であれば職員は委託業者に申請書と戸籍謄抄本等を引き継ぎます。

⑸　**会計**

　委託業者は申請者に戸籍謄抄本等を交付し，手数料を徴収します。

8　戸籍謄抄本等の交付申請における説明要求

　市民課窓口で戸籍謄抄本等の申請を受けていると，戸籍証明書等交付申請書の使用目的欄（何に使いますか）が空白の場合があります。

　窓口で職員が市民に説明をして，市民に使用目的欄（何に使いますか）を書いていただき，当該戸籍証明書等交付申請が不当な目的によらないことを確認する必要があります。

　しかし，稀に，「使用目的欄（何に使いますか）を記載することは問題がある，法的根拠を示さないと書かない」といったケースもあります。

　このような場合は，戸籍法第10条の2の趣旨を説明して，市民に使用目的欄（何に使いますか）を記載していただくことになります。

　具体的な不当な目的の説明としては，以下の平成20年4月7日民一第1000号通達第1の1があります。

　ここでは，戸籍法第10条第2項の「不当な目的」に該当する場合とは，嫡出でない子であることや離婚歴等他人に知られたくないと思われる事項をみだりに探索し又はこれを公表するなどプライバシーの侵害につながるもの，その他戸籍の公開制度の趣旨を逸脱して戸籍謄本等を不当に利用する場合をいうとされています。

　戸籍謄本等の第三者申請・公用申請・弁護士等申請については，戸籍法第10条の4が説明要求の根拠法令になります。

9　交付申請における提出書面の原本還付

　戸籍謄抄本等の申請をした者は，当該交付申請の際に提出した書面の原本の還付を申請することができます。

　市区町村長は，原本還付申請があった場合には，交付申請に係る審査の完了後，当該原本還付申請に係る書面の原本を還付しなければなりません。

　実際の実務では，原本のコピーを申請者に提出していただき，原本と同一であることを確認し，そのコピー（謄本）に原本還付の旨を記載することになります。

10　戸籍の謄本等の不交付決定に対する審査申請

　皆さんは，市民窓口で戸籍謄抄本等の交付申請に対応する際に，不当な目的の本人等申請や申請の理由を明らかにしない第三者からの申請など，不交付決定をする場面に遭遇することがあると思います。

　このような場合に，申請者から不交付決定について上級庁に審査申請できないのかと聞かれることもあります。

　戸籍法第124条は，「第10条第1項又は第10条の2第1項から第5項までの請求（これらの規定を第12条の2において準用する場合を含む。），第48条第2項の規定による請求及び第120条第1項の請求について市町村長が行う処分又はその不作為に不服がある者は，管轄法務局長等に審査請求をすることができる。」と定めています。

　戸籍謄抄本等の不交付決定を行ったときは，申請者には戸籍法の趣旨を丁寧に説明して理解を得るよう努めてください。

　説明を受けた申請者から，上級庁への審査請求ができないのかと問われたときは，市区町村役場の所在地を管轄する法務局又は地方法務局の長に審査請求できることを説明してください（法定受託事務）。

11　戸籍証明書等交付申請書例

戸籍証明書等交付申請書

○○市区町村長　あて

令和○○年○○月○○日	
どなたの証明が必要ですか。	窓口に来られた方（申請者）
本籍 ○○市区町村	住所 ○○市区町村
筆頭者 (フリガナ)	氏名 (フリガナ) 明・大・昭・平・西暦　　　年　　月　　日生

個人事項証明 （抄本） ※謄本の場合は 　記入不要	必要な方の氏名 (フリガナ) 明・大・昭・平・令・西暦 　　　　年　　月　　日生	続柄	必要な戸籍に記載されている方から見て □ 本人 □ 配偶者（夫又は妻） □ その他（　　　　　　　　） □ 委任状・代理権授与通知書有

何が必要ですか	必要なものにチェックをつけて，枚数を記入してください。	何に使いますか	
	□ 全部事項証明書（謄本）　　　　　　　　　　　通 □ 個人事項証明書（抄本）　　　　　　　　　　　通 □ 平成改製原戸籍　謄本・抄本　　　　　　　　　通 □ 昭和改製原戸籍　謄本・抄本　　　　　　　　　通 □ 除籍謄本・抄本　　　　　　　　　　　　　　　通		
	□ 戸籍の附票の写し　全部・一部（　　　　）　　通		
	□ 受理証明書（　　　）届　　　　　　　　　　　通 昭和・平成・令和　　年　　月　　日届出 □ 戸籍記載事項証明書（　　　）届　　　　　　　通 昭和・平成・令和　　年　　月　　日届出		
	□ その他の証明書 　（　　　　　　　　　　）　　　　　　　　　　通	□ ○○市町村手数料条例 等施行規則第○条に定める 減免の申請をします。	
本人確認	1点確認　個人番号カ・運転免許証・旅券・写住基カ・（　　　　　　） 2点確認　健康保険証・年金証書・学生証・社員証・（　　　　　　）		

戸籍謄抄本等の申請に必要な項目

12 諸証明交付申請書例（不在籍証明，独身証明）

諸証明書交付申請書

○○市区町村長　あて

令和○○年○○月○○日	
どなたの証明が必要ですか。	窓口に来られた方（申請者）
本籍 ○○市区町村	住所 ○○市区町村
筆頭者 （フリガナ）	氏名 （フリガナ） 明・大・昭・平・西暦　　　　年　　　月　　　日生

氏名		続柄	必要な戸籍に記載されている方から見て
	明・大・昭・平・令・西暦 　　　年　　月　　日生		□ 委任状・代理権授与通知書有

何が必要ですか	必要なものにチェックをつけて，枚数を記入してください。	何に使いますか	
	□ 身分証明書 　□ 後見の登記の通知を受けていない 　　　禁治産又は準禁治産の宣告の通知を受けていない　　　　　　　　　　　通 　□ 破産宣告の通知を受けていない　　　　通 □ 不在籍証明 　□ 住民基本台帳に登録されていない　　　通 　□ 本籍がない　　　　通 □ 火葬許可証交付済証明　　　　通 □ 独身証明　　　　通 □ その他の証明（　　　　　　）　　　　通		□ ○○市町村手数料条例 等施行規則第○条に定める 減免の申請をします。

本人確認	1点確認　個人番号カ・運転免許証・旅券・写住基カ・（　　　　）
	2点確認　健康保険証・年金証書・学生証・社員証・（　　　　）

不在籍証明（本籍がない），独身証明も戸籍謄抄本等の証明です。

第2　閲覧

① 住民基本台帳の一部の閲覧

　住民基本台帳法の一部を改正する法律が平成18年11月1日から施行され，何人でも閲覧を申請できるという従来の閲覧制度は廃止され，個人情報保護に十分留意した住民基本台帳の一部の閲覧制度として再構築されています。

　閲覧することができる場合は，国又は地方公共団体が法令の定める事務を遂行するために閲覧する場合や統計調査，世論調査，学術研究その他の調査研究のうち公益性が高いと認められる活動のために閲覧する場合等になっています。

　閲覧の手続等については，①閲覧の利用目的，管理方法，調査研究の成果の取扱い等の明示，②閲覧した事項を取り扱える者の範囲の明確化，③目的外利用の禁止・第三者提供の禁止，④不正閲覧等に対する報告徴収，勧告，命令，⑤閲覧した者の氏名，利用目的の概要等の公表，⑥偽りその他不正の手段による閲覧や目的外利用の禁止に対する違反等に対する制裁措置の強化があります。

国又は地方公共団体の機関の申請による閲覧の流れ図

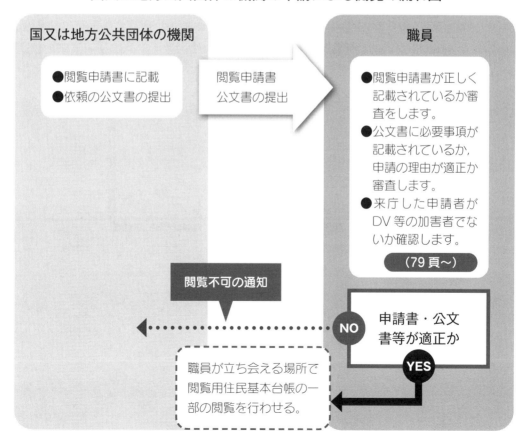

個人又は法人の申出による閲覧の流れ図

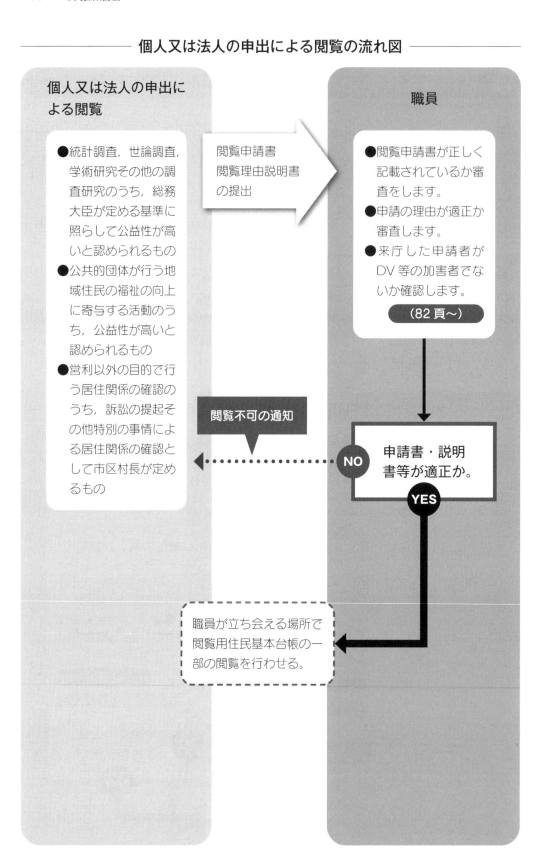

個人又は法人の申出による閲覧

●統計調査，世論調査，学術研究その他の調査研究のうち，総務大臣が定める基準に照らして公益性が高いと認められるもの

●公共的団体が行う地域住民の福祉の向上に寄与する活動のうち，公益性が高いと認められるもの

●営利以外の目的で行う居住関係の確認のうち，訴訟の提起その他特別の事情による居住関係の確認として市区村長が定めるもの

閲覧申請書
閲覧理由説明書
の提出

職員

●閲覧申請書が正しく記載されているか審査をします。

●申請の理由が適正か審査します。

●来庁した申請者がDV等の加害者でないか確認します。

（82頁〜）

閲覧不可の通知

NO

申請書・説明書等が適正か。

YES

職員が立ち会える場所で閲覧用住民基本台帳の一部の閲覧を行わせる。

1　住民基本台帳の一部の閲覧の根拠法令・端末機等

項目	説明
主な根拠法令	住民基本台帳法では住民基本台帳の一部の閲覧について定め，各市区町村では，閲覧等に関する事務について条例・規則・要綱で定めています。
DV被害者への支援措置	住民基本台帳事務における支援措置申出者が対象 閲覧者がDV加害者であるケースも考えられるため，その場合は閲覧制限を行う。
マイナンバー制度と個人番号カード	個人番号は閲覧対象外項目
事前登録型本人通知制度	事前登録型本人通知制度の対象外
窓口業務の一部委託	窓口業務の一部委託の対象外
個人情報保護対策	住民基本台帳法，個人情報の保護に関する法律等により，個人情報保護が担保されている。

2　国又は地方公共団体の機関の申請による住民基本台帳の一部の写しの閲覧の説明

⑴　申請書と添付書類の提出

　住民基本台帳法第11条第1項では，国又は地方公共団体の職員で当該国又は地方公共団体の機関が指定するものに閲覧させることを申請することができると定めています。

　既に住民票の全部が削除された住民票については，その閲覧の申請又は申出に応じる必要はありません。

　住民基本台帳の一部の写しに記載されている情報は，氏名・生年月日・性別・住所の基本4情報です。住民基本台帳に記載されている外国人も対象になります。外国人に通称がある場合には，通称も閲覧の対象になります（住民基本台帳法施行令第30条の16第7項）。

⑵　申請事由等・添付書類の審査

　閲覧させる事項は，事務の適正・迅速な処理に資するよう，定型的な申請書様式を作成し，国又は地方公共団体の機関から求められた場合には，様式例として提示できるようにすることが望ましいとされています。

　住民基本台帳の一部の閲覧は，準法律的行政行為の公証になります。

　ア　国又は地方公共団体の機関が住民基本台帳の一部の写しの閲覧を申請する場合には，次のことを明らかにする必要があります。

- 当該申請をする国又は地方公共団体の機関の名称
- 申請事由

❶住民基本台帳の一部の閲覧

- 住民基本台帳の一部の写しを閲覧する者の職名及び氏名
- その他，総務省令で定める事項

イ　国又は地方公共団体の機関の名称

住民基本台帳の一部の写しの閲覧を申請する国又は地方公共団体の機関の名称を明らかにさせなければなりません。

具体的には「総務省」，「○○市長」などが該当します。

なお，国の機関には，国の行政機関のほか，国会及び裁判所が含まれ，地方公共団体の機関には，執行機関，附属機関のほか議会も含まれます。

ウ　申請事由

法令で定める事務の遂行のために必要であることが要件となります。申請する理由は具体的に明らかにさせることとし，それが明確でない場合には，必要に応じ申請者に質問を行い，その内容を確認する必要があります。

窓口事務としては，申請の公文書で，法令で定める事務の遂行のために必要であるという理由（○○法第○条による住民基本台帳の一部の写しの閲覧申請）が記載されている必要があります。

なお，確認をした際には，その確認内容及び方法を，申請書の余白に記載する等の方法により記録することが求められます。

しかし，住民基本台帳の一部の写しの閲覧申請で問題となるのが，当該申請が犯罪捜査等のための申請に関するものその他特別の事情により申請事由を明らかにすることが事務の性質上困難である事務の判定です。平成18年10月4日総行市第135号通知から2事例を抽出いたしましたので，参考にして判断してください。

○申請事由を明らかにすることが事務の性質上困難である事務の例

法令の名称	条項名	申請事由を明らかにすることが困難な理由
一般会計における債務の承継等に伴い必要な財源の確保に係る特別措置に関する法律	第19条第1項	税務調査等に関する情報を第三者に明らかにすることにより，証拠物等の仮装・隠匿につながる恐れなどがあることから，税務調査等については具体的な申請事由を明らかにすることは困難であるため。
印紙税法	第21条第1項	税務調査等に関する情報を第三者に明らかにすることにより，証拠物等の仮装・隠匿につながる恐れなどがあることから，税務調査等については具体的な申請事由を明らかにすることは困難であるため。

(3)　職員による閲覧する者の職名及び氏名の審査

閲覧者には，国又は地方公共団体の職員である証明書（職員証）を提示してもらい，市区町村が本人確認を行います。

職員証等の証明書に顔写真が添付されていない場合等で本人確認が疑わしい場合は，

当該申請に係る国又は地方公共団体に電話で照会する等の方法により確認する必要があります。

○ DV等への対応

　DV等の加害者が国又は地方公共団体の機関の職員になりすまして閲覧を申請することも考えられるため，住民基本台帳法第11条の国又は地方公共団体の機関の申請であっても，閲覧者については，十分留意して厳格に本人確認を行う必要があります。

⑷　閲覧の決定

　職員が閲覧をさせないと決定した場合はその旨を申請者に説明します。

　閲覧できる情報は以下になります。

- 氏名（通称が住民票に記載されている外国人住民にあっては，氏名及び通称）
- 出生の年月日
- 男女の別
- 住所

⑸　閲覧に際して申請者の遵守事項

　各市区町村は，住民基本台帳の一部の写しの閲覧に関して条例・規則・要綱等を定めて，閲覧者の遵守事項等を決めています（83頁）。

3　個人又は法人の申出による住民基本台帳の一部の写しの閲覧の説明

　住民基本台帳法第11条の2では個人又は法人の申出による住民基本台帳の一部の写しの閲覧を定めています。

⑴　申請

　個人又は法人の申請者が職員に申請書と添付書類を提出します。

　閲覧することができる理由は，

- 統計調査，世論調査，学術研究その他の調査研究のうち，総務大臣が定める基準に照らして公益性が高いと認められるものの実施
- 公共的団体が行う地域住民の福祉の向上に寄与する活動のうち，公益性が高いと認められるものの実施
- 営利以外の目的で行う居住関係のうち，訴訟の提起その他特別の事情による居住関係の確認として市区町村長が定めるものの実施

と定められています。

❶住民基本台帳の一部の閲覧

⑵　**申出に際して明らかにさせなければいけない事項**
- 申出者の氏名及び住所
　　申出者が法人の場合にあっては，その名称，代表者又は管理人の氏名及び主たる事務所の所在地
　　申出者の氏名については，申出の意思を明らかにさせるため，自署又は押印を求めることが適当です。
- 閲覧事項の利用の目的
- 閲覧者の氏名及び住所
- 閲覧事項の管理の方法
- 申出者が法人の場合にあっては，当該法人の役職員又は構成員のうち閲覧事項を取り扱う者の範囲
- 調査研究の成果の取扱い
　　調査研究の成果を公表するか否か，公表する場合にはその公表の方法等を明らかにさせることが適当です。
- 申出に係る住民の範囲
- 活動の責任者の氏名及び住所
　　住民基本台帳法第11条の2第1項各号の活動の責任者の氏名及び住所（申出者が法人の場合にあっては，当該責任者の役職名及び氏名）
- 住民基本台帳法第11条の2第1項第1号に掲げる活動に係る申出にあっては，調査研究の実施体制
　　調査研究に従事する者の所属する部署，人数等を記載させることが適当です。
- 委託を受けて住民基本台帳の一部の写しの閲覧の申出を行う場合にあっては，委託者の氏名又は名称及び住所

⑶　**申出に際して必要な手続（添付書類）**
　市区町村長が適当と認めて提出させる書類としては，具体的には以下のものになります（住民基本台帳法第11条の2第2項，住民票省令第2条第1項）。
- 法人登記
- 事業所概要
- 大学の委員会又は学部長による証明書
- プライバシーマークが付与されていることを示す書類
- 閲覧事項を，申出の際に明らかにした利用の目的以外に利用しないこと等を規定した誓約書

⑷　**閲覧する者の職名及び氏名の審査**
　本人確認をする証明書は住民票の写し等の証明書と同じです。

○閲覧事項取扱者

• 個人からの申出の場合

　申出者が個人である場合には，通常，申出者及び閲覧者のみが閲覧事項を取り扱うことができます。

　しかし，これらの者以外に，特に閲覧事項の取扱いをさせる必要がある場合に，申出者に個人閲覧事項取扱者を指定させることができます。

　個人閲覧事項取扱者の指定の申出があった場合には，指定を受けようする者の氏名及び住所の申出をさせる必要があります（住民基本台帳法第11条の2第3項）。

　当該申出を受けた市区町村長においては，申出者及び閲覧者以外に閲覧事項を取り扱わせることが必要である旨の申出に相当の理由があると認める場合には，当該申出を承認します（同条第4項）。

• 法人からの申出の場合

　申出者が法人である場合においては，申出時に法人の役職員又は構成員のうち閲覧事項を取り扱う者の範囲を明らかにすることとされていますが，当該法人はこの範囲に属する者の中から，閲覧事項を取り扱うものを指定することとされており，それ以外の者には，閲覧事項を取り扱わせてはならないとされています（住民基本台帳法第11条の2第5項）。

○ DV等への対応

　DV等の加害者が法人等の職員になりすまして閲覧を申請することも考えられるため，閲覧者については，十分留意して厳格に本人確認を行う必要があります。

⑸　**職員による閲覧の決定**

　職員が閲覧をさせないと決定した場合はその旨を申請者に説明します。

⑹　**申出者の適正管理義務等**

　申請者に対しては，閲覧者，個人閲覧事項取扱者又は法人閲覧事項取扱者による閲覧事項の漏洩の防止その他の閲覧事項の適切な管理のための必要な措置を講ずる義務が課されており，申出者，閲覧者，個人閲覧事項取扱者及び法人閲覧事項取扱者に対しては，本人の事前の同意を得ないで，当該閲覧事項を利用目的以外の目的のために利用し，又は当該閲覧事項に係る申出者，閲覧者，個人閲覧事項取扱者及び法人閲覧事項取扱者以外の者に提供してはならないとされています（住民基本台帳法第11条の2第6項，第7項）。

4　閲覧者の遵守事項等

各市区町村の条例・規則・要綱では，閲覧者の遵守事項等を定めています。

❶住民基本台帳の一部の閲覧

　一般的には次のような項目があります。

○閲覧は，黙読による

○閲覧用リストの破損・汚損・加筆等の禁止

　閲覧者は，閲覧用リストを破損し，若しくは汚損し，又は閲覧用リストに加筆する行為をしてはならない。

○カメラ等の持ち込みの禁止

　閲覧者は，閲覧場所にカメラ（カメラ付き携帯電話を含む。），複写機，録音機その他の記録装置を持ち込んではならない。

○指定する場所において閲覧

　閲覧者は職員の指定する場所で閲覧する。

○閲覧リストの交換については，職員に依頼

　閲覧リストを交換する際には，閲覧者が交換するのではなく，職員に依頼して交換する。

○閲覧場所を離れる際は，閲覧台帳を職員に返却

○閲覧中の私語，飲食及び携帯電話を使用しない

○閲覧の中止

　閲覧者が前条の遵守事項を守らない場合は，直ちに閲覧を中止させます。

5　閲覧状況の公表

　住民基本台帳法第11条第3項および第11条の2第12項により，住民基本台帳の一部の写しの閲覧並びに住民票の写し等及び除票の写し等の交付に関する省令第3条の規定に基づき，住民基本台帳を閲覧した者の氏名や請求事由の概要等，次に掲げる事項を毎年少なくとも1回公表します。

○申請者の氏名（国又は地方公共団体の機関の名称，法人の場合はその名称及び代表者の氏名）

○請求事由の概要

○閲覧年月日

○閲覧に係る住民の範囲

第3　届出受付

① 印鑑登録・廃止届

　印鑑登録証明書の項目で説明したとおり，印鑑登録とは，個人が押印した印鑑の形状（台紙に押印した形状）を市区町村に登録することにより，その印鑑を押印した者が本人であるということを証明する制度です。

　本項目では，印鑑登録届・廃止届を説明します。

────── **本人からの即時登録の流れ図（職員が受付・身分証明書）** ──────

職員が本人からの即時登録受付（免許証，許可証若しくは身分証明書での本人確認）を受け付ける場合

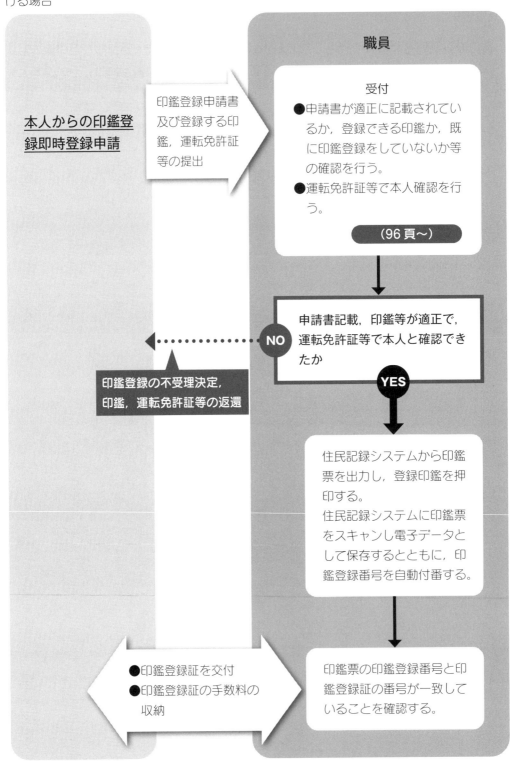

職員

本人からの印鑑登録即時登録申請

印鑑登録申請書及び登録する印鑑，運転免許証等の提出

受付
●申請書が適正に記載されているか，登録できる印鑑か，既に印鑑登録をしていないか等の確認を行う。
●運転免許証等で本人確認を行う。

（96頁～）

申請書記載，印鑑等が適正で，運転免許証等で本人と確認できたか

NO

YES

印鑑登録の不受理決定，印鑑，運転免許証等の返還

住民記録システムから印鑑票を出力し，登録印鑑を押印する。
住民記録システムに印鑑票をスキャンし電子データとして保存するとともに，印鑑登録番号を自動付番する。

●印鑑登録証を交付
●印鑑登録証の手数料の収納

印鑑票の印鑑登録番号と印鑑登録証の番号が一致していることを確認する。

── 本人からの即時登録の流れ図（委託業者と職員が受付・身分証明書）──

委託業者と職員が本人からの即時登録受付（運転免許証，許可証若しくは身分証明書での本人確認）を受け付ける場合

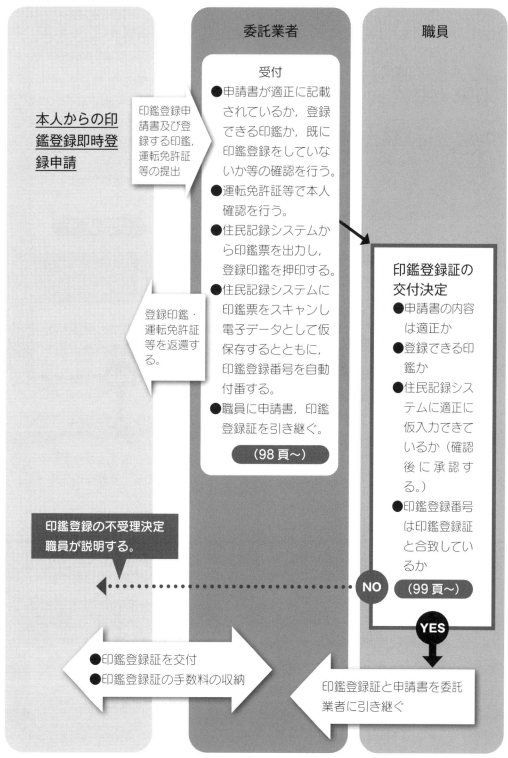

────────── **本人からの即時登録の流れ図（職員が受付・保証人）** ──────────

職員が本人からの即時登録受付（本人が申請，保証人の登録印による本人保証）を受け付ける場合

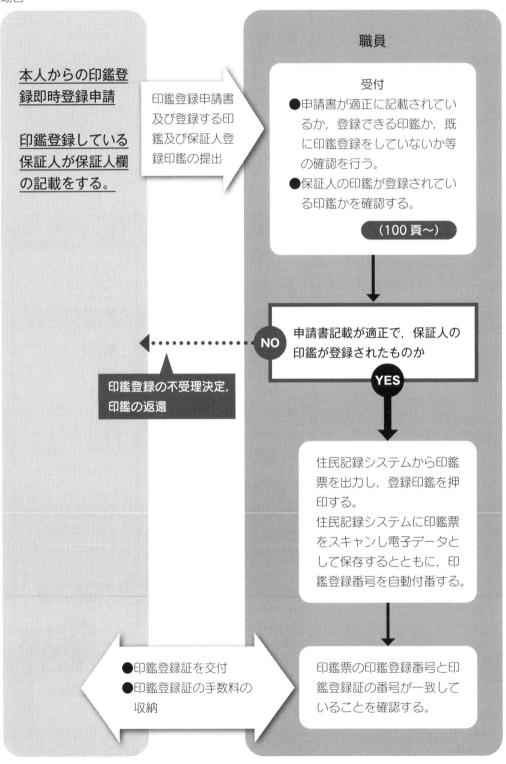

—— **本人からの即時登録の流れ図（委託業者と職員が受付・保証人）** ——

委託業者と職員が本人からの即時登録（本人が申請，保証人の登録印による本人保証）を受け付ける場合

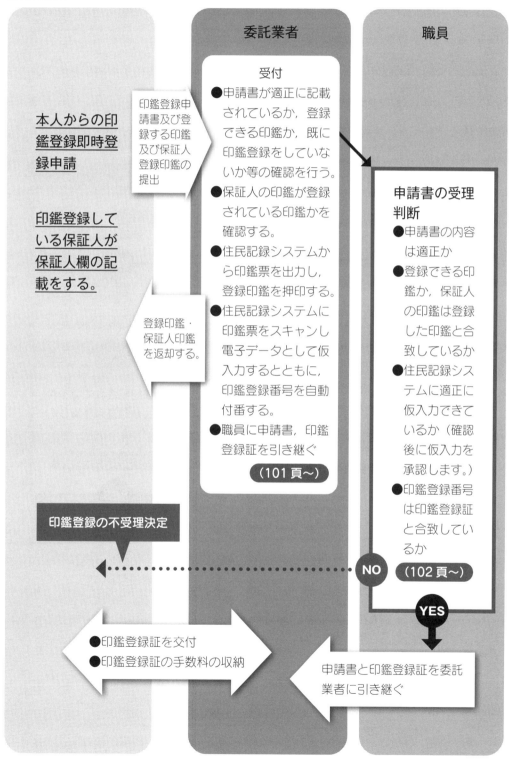

委託業者

職員

受付
- 申請書が適正に記載されているか，登録できる印鑑か，既に印鑑登録をしていないか等の確認を行う。
- 保証人の印鑑が登録されている印鑑かを確認する。
- 住民記録システムから印鑑票を出力し，登録印鑑を押印する。
- 住民記録システムに印鑑票をスキャンし電子データとして仮入力するとともに，印鑑登録番号を自動付番する。
- 職員に申請書，印鑑登録証を引き継ぐ

（101頁〜）

申請書の受理判断
- 申請書の内容は適正か
- 登録できる印鑑か，保証人の印鑑は登録した印鑑と合致しているか
- 住民記録システムに適正に仮入力できているか（確認後に仮入力を承認します。）
- 印鑑登録番号は印鑑登録証と合致しているか

（102頁〜）

本人からの印鑑登録即時登録申請

印鑑登録している保証人が保証人欄の記載をする。

印鑑登録申請書及び登録する印鑑及び保証人登録印鑑の提出

登録印鑑・保証人印鑑を返却する。

印鑑登録の不受理決定

NO

YES

- 印鑑登録証を交付
- 印鑑登録証の手数料の収納

申請書と印鑑登録証を委託業者に引き継ぐ

────── **照会・回答登録の流れ図（職員が受付・本人又は代理人申請）** ──────
職員が本人又は代理人からの照会・回答登録を受け付ける場合

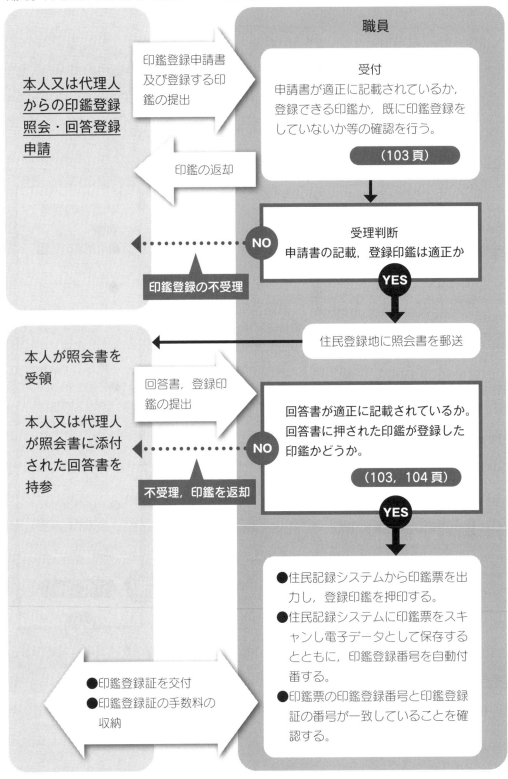

職員

本人又は代理人からの印鑑登録照会・回答登録申請

印鑑登録申請書及び登録する印鑑の提出 →

受付
申請書が適正に記載されているか，登録できる印鑑か，既に印鑑登録をしていないか等の確認を行う。
（103 頁）

← 印鑑の返却

受理判断
申請書の記載，登録印鑑は適正か
NO → 印鑑登録の不受理
YES ↓

住民登録地に照会書を郵送

本人が照会書を受領

本人又は代理人が照会書に添付された回答書を持参

回答書，登録印鑑の提出 →

回答書が適正に記載されているか。回答書に押された印鑑が登録した印鑑かどうか。
（103，104 頁）
NO → 不受理，印鑑を返却
YES ↓

●住民記録システムから印鑑票を出力し，登録印鑑を押印する。
●住民記録システムに印鑑票をスキャンし電子データとして保存するとともに，印鑑登録番号を自動付番する。
●印鑑票の印鑑登録番号と印鑑登録証の番号が一致していることを確認する。

← ●印鑑登録証を交付
●印鑑登録証の手数料の収納

── 照会・回答登録の流れ図（委託業者と職員が受付・本人又は代理人申請）──

委託業者と職員が本人又は代理人からの照会・回答登録を受け付ける場合

❶ 印鑑登録・廃止届

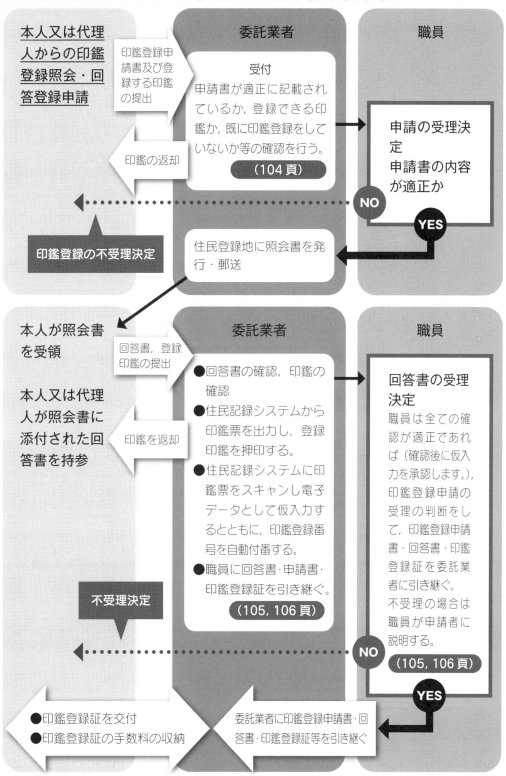

本人又は代理人からの印鑑登録照会・回答登録申請

印鑑登録申請書及び登録する印鑑の提出

印鑑の返却

委託業者

受付
申請書が適正に記載されているか，登録できる印鑑か，既に印鑑登録をしていないか等の確認を行う。
（104頁）

職員

申請の受理決定
申請書の内容が適正か

NO

YES

印鑑登録の不受理決定

住民登録地に照会書を発行・郵送

本人が照会書を受領

本人又は代理人が照会書に添付された回答書を持参

回答書，登録印鑑の提出

印鑑を返却

委託業者

●回答書の確認，印鑑の確認
●住民記録システムから印鑑票を出力し，登録印鑑を押印する。
●住民記録システムに印鑑票をスキャンし電子データとして仮入力するとともに，印鑑登録番号を自動付番する。
●職員に回答書・申請書・印鑑登録証を引き継ぐ。
（105, 106頁）

職員

回答書の受理決定
職員は全ての確認が適正であれば（確認後に仮入力を承認します。），印鑑登録申請の受理の判断をして，印鑑登録申請書・回答書・印鑑登録証を委託業者に引き継ぐ。
不受理の場合は職員が申請者に説明する。
（105, 106頁）

NO

YES

不受理決定

●印鑑登録証を交付
●印鑑登録証の手数料の収納

委託業者に印鑑登録申請書・回答書・印鑑登録証等を引き継ぐ

1　印鑑登録・廃止届の根拠法令・端末機等

項目	説明
主な根拠法令	各市区町村で制定している印鑑登録条例が，印鑑の登録及び証明に関する事務について（昭和49年2月1日自治振第10号自治省行政局振興課長から各都道府県総務部長あて通知，令和2年5月25日総行住第106号）に準拠していますが，詳細は，少しずつ違っています。
操作する端末機	住民記録システムの端末機と印鑑スキャナーを操作して印鑑登録・廃止の手続きをします。
DV被害者への支援措置	印鑑登録を利用してDV被害者支援措置対象者の住所を加害者が調べることもあるため，注意は必要
マイナンバー制度と個人番号カード	印鑑登録条例を改正して，マイナンバーカードを印鑑登録証として使用することも行われています。
事前登録型本人通知制度	事前登録型本人通知制度の対象外
窓口業務の一部委託	印鑑登録・廃止の受付は窓口業務の一部委託が可能
個人情報保護対策	印鑑登録条例，個人情報の保護に関する法律等により，個人情報保護が担保されています。

2　印鑑登録証明書を提出するところ

　まず，皆さんは印鑑登録証明書がどのような手続き・場所で提出を求められているかを知る必要があります。

　ここでは，住民が印鑑登録証明書を申請する一般的なものを記載します。

不動産登記	不動産の登記（所有権の移転等）に際しては印鑑登録証明書が必要です。 （申請情報を記載した書面への記名押印等） 不動産登記令第16条 1　申請人又はその代表者若しくは代理人は，法務省令で定める場合を除き，申請情報を記載した書面に記名押印しなければならない。 2　前項の場合において，申請情報を記載した書面には，法務省令で定める場合を除き，同項の規定により記名押印した者（委任による代理人を除く。）の印鑑に関する証明書（住所地の市町村長（特別区の区長を含むものとし，地方自治法第252条の19第1項の指定都市にあっては，市長又は区長若しくは総合区長とする。次条第1項において同じ。）又は登記官が作成するものに限る。以下同じ。）を添付しなければならない。 3　前項の印鑑に関する証明書は，作成後3月以内のものでなければならない。 ※以下省略
会社の設立登記	株式会社の発起設立の場合は，公証人役場に提出します。 株式会社の登記申請手続きの場合は，法務局あるいは法務局の管轄下にある「登記所」に提出します。 会社法第26条（定款の作成） 1　株式会社を設立するには，発起人が定款を作成し，その全員がこれに署名し，又は記名押印しなければならない。 2　前項の定款は，電磁的記録（電子的方式，磁気的方式その他人の知覚によっては認識することができない方式で作られる記録であって，電子計算機による情報処理の用に供されるものとして法務省令で定めるものをいう。以下同じ。）をもって作成することができる。この場合において，当該電磁的記録に記録された

	情報については，法務省令で定める署名又は記名押印に代わる措置をとらなければならない。 ※定款に記載された発起人の住所，氏名，及び押印を本人のものと確認するため，実務上は作成後3月以内の印鑑登録証明書を提出しています。
普通自動車の購入	普通自動車は，資産として国土交通省に登録する必要があります。このため，印鑑登録証明書の提出が必要です。 なお，所有者が販売店や信販会社の場合は，車の使用者は，印鑑証明書や実印は必要ないとされています。 軽自動車は，軽自動車検査協会に登録するだけのため印鑑登録証明の提出は不要とされています。 （申請書） 自動車登録令第15条 1　申請書には，申請人の氏名又は名称その他の国土交通省令で定める事項を記載し，申請人がこれに押印しなければならない。ただし，自動車の変更登録又は更正の登録の申請書にあっては申請人が，抹消した登録の回復又は抵当権の登録の申請書にあっては登録権利者である申請人が，押印することを要しない。 2　申請書の様式及び記載方法は，国土交通省令で定める （印鑑に関する証明書の添付） 自動車登録令第16条 1　前条第1項の規定により押印した申請書には，やむを得ない場合を除き，申請人及びその第三者（第14条第1項第2号の書面を提出する場合に限る。）の印鑑に関する証明書（住所地の市町村長（特別区の区長を含むものとし，地方自治法（昭和22年法律第67号）第252条の19第1項の指定都市にあっては，市長又は区長若しくは総合区長とする。）又は登記官が作成するものに限る。以下同じ。）を添付しなければならない。 2　前項の規定は，申請人又はその第三者が国又は地方公共団体である場合には，適用しない。 3　第1項の印鑑に関する証明書は，作成後3月以内のものでなければならない。

　その他，金銭消費貸借契約などの本人確認のために印鑑登録証明書は利用されています。

3　印鑑の登録

(1)　印鑑登録できる者
　印鑑の登録ができる者は，当該市区町村の住民基本台帳法に記録されている者です。

(2)　印鑑登録できない者
　ア　15歳未満の者
　イ　意思能力を有しない者（アに掲げる者を除く。）

(3)　登録できる印鑑の数量
　登録できる印鑑の数量は，1人1個に限られます。

4　登録できない印鑑

① 　住民基本台帳に記録されている氏名，氏，名，若しくは通称（住民基本台帳法施行令第30条の16第1項に規定する通称をいう。）又は氏名若しくは通称の一部を組み合わせたもので表していないもの

② 　職業，資格，その他氏名又は通称以外の事項を表しているもの

③ 　ゴム印，その他印鑑で変形しやすいもの

④ 　印影の大きさが一辺の長さ8ミリメートルの正方形に収まるもの又は一辺の長さ25ミリメートルの正方形に収まらないもの

⑤ 　印影を鮮明に表しにくいもの

⑥ 　その他登録を受けようとする印鑑として適当でないもの

（例）　氏名が「印鑑　花子」の場合

刻印の事例	具体例	可否
氏名を刻印したもの	印鑑花子	○
氏のみ刻印したもの	印鑑	○
名のみ刻印したもの	花子	○
氏及び名の頭文字を刻印したもの	印鑑花	○
氏と頭文字を組み合わせて刻印したもの	印花	○
名を平仮名・カタカナに書き替えて刻印したもの	印鑑はなこ 印鑑ハナコ	× 各市区町村の条例で規定すれば可能

（例）　漢字圏の外国人の場合　氏名が「金　花子」，通称名が「印鑑　華子」の場合

刻印の事例	具体例	可否
氏名を刻印したもの	金花子	○
通称氏名を刻印したもの	印鑑華子	○
氏のみ刻印したもの	金	○
通称氏のみ刻印したもの	印鑑	○
名のみ刻印したもの	花子	○
通称名のみ刻印したもの	華子	○
氏と頭文字を組み合わせて刻印したもの	金花	○
通称の氏と頭文字を組み合わせて刻印したもの	印華	○
名を平仮名・カタカナに書き替えて刻印したもの 又は通称の名を平仮名・カタカナに書き替えて刻印したもの	金はなこ 金ハナコ 印鑑はなこ 印鑑ハナコ	× 各市区町村の条例で規定すれば可能

⑦ 　非漢字圏の外国人住民の特例

　外国人住民（住民基本台帳法第30条の45に規定する外国人住民）のうち非漢字圏の外国人住民が住民票の備考欄に記載されている氏名のカタカナ表記又はその一部を組み合わせたもので表されているもので表されている印鑑により登録を受けようとする場合には，

当該印鑑を登録することができます。

（例）　氏名「JOHN FITZGERALD KENNEDY」

　　　カタカナ表記「ジョン　フィッツゲラルド　ケネディ」

刻印の事例	具体例	可否
氏名を刻印したもの	JOHN FITZGERALD KENNEDY	○
氏名の一部で刻印したもの	JOHN	○
	FITZGERALD	
	KENNEDY	
氏名の一部を組み合わせて刻印したもの	JOHN FITZGERALD	○
	JOHN KENNEDY	
	FITZGERALD KENNEDY	
カタカナ表記で刻印したもの	ジョン　フィッツゲラルド　ケネディ	○
カタカナ表記の一部で刻印したもの	ジョン	○
	フィッツゲラルド	
	ケネディ	
カタカナ表記の一部を組み合わせて刻印したもの	ジョン　フィッツゲラルド	○
	ジョン　ケネディ	
	フィッツゲラルド　ケネディ	

5　印鑑登録の種類

　印鑑の登録申請は，本人からの申請，代理人からの申請の2通りがあります。

　また，印鑑登録には，窓口で手続き終了後に印鑑登録証（印鑑登録者識別カード）を交付する即時登録と住所登録地に照会書を郵送し，回答書を持参した際に印鑑登録証を交付する照会・回答登録があります。

　印鑑の登録申請方法は下表のとおりです。

印鑑登録方法	本人・代理人区分	本人確認方法	説明
即時登録	本人	官公署の交付した免許証，許可証若しくは身分証明書での本人確認	官公署の交付した免許証，許可証若しくは身分証明書であって本人の写真を添付したものにより本人確認を行う。
即時登録	本人	保証人登録	印鑑登録する本人が印鑑を持参し，保証人（当該市区町村内で既に印鑑登録をしている成年者が申請人本人に相違ないことを保証する）を立てることにより本人確認を行う。
照会・回答登録	本人	照会書による本人確認	住所登録地に照会書を発送し，回答書を持参した場合に本人と確認する。
照会・回答登録	代理人	照会書による本人確認	住所登録地に照会書を発送し，回答書を代理人が持参した場合に本人の意思であると確認する。

6　本人からの即時登録の説明　職員が受付（身分証明書）

(1)　本人から印鑑登録の申請

本人から職員に印鑑登録申請書の申請用紙を提出

本人が住民登録をしている住所・氏名・生年月日を記入します。

(2)　職員による確認

職員は申請書が適正に記載されているか住民記録システムと照合しながら確認します。

(3)　免許証等による本人確認例（即時登録）

職員は官公署の交付した免許証，許可証若しくは身分証明書であって本人の写真を添付したものにより本人確認を行います。

本人確認は顔写真，住所，氏名，生年月日が窓口に来ている本人と合致するかを確認します（証明書に住所の記載がないものがありますが，顔写真，氏名，生年月日で本人確認をする市区町村が多いようです。）。

以下は，本人確認のための顔写真付き免許証等の参考例です（市区町村によっては違う取扱いをしている場合があります。）。

免許証等の名称	交付者	証明書の項目				備考
		住所	氏名	生年月日	有効期限	
マイナンバーカード	市区町村長	○	○	○	10 年	未成年者は 5 年
特別永住者証明書	法務大臣	○	○	○	7 年	
在留カード	法務大臣	○	○	○	資格により違う	
パスポート	外務大臣	所持人記載欄	○	○	5 年，10 年	外国籍のパスポートは日本の官公署が交付していないため不可
運転免許証	公安委員会	○	○	○	3，4，5年	
船員手帳	運輸管理部長	○	○	○	10 年	
身体障害者手帳	都道府県知事・市区町村長	○	○	○	なし	
無線従事者免許証	総務大臣（総合通信局長等）		○	○	なし	
小型船舶操縦免許証	国土交通大臣	○	○	○	5 年	
海技免状	国土交通大臣		○	○	5 年	
宅地建物取引士証（宅地建物取引主任者証）	都道府県知事	○	○	○	5 年	平成 27 年 4 月 1 日法改正により変更
銃砲所持許可証	都道府県公安委員会	○	○	○	3 年	

電気工事士免状（1・2種）	都道府県知事		○	○	なし	住所は本人記入
戦傷病者手帳	都道府県知事・市長	○	○	○	なし	
無線従事者免許証	総務大臣（総合通信局長等）		○	○	なし	
介護支援専門員証	都道府県知事		○	○	5年	
仮運転免許証	都道府県公安委員会	○	○	○	6か月	
危険物取扱者免状	都道府県知事		○	○	なし	10年毎に写真を替える
高圧ガス製造保安責任者免状	都道府県知事		○	○	なし	
雇用保険受給資格者証	職業安定所長	○	○	○	一定期間	
古物商許可証	都道府県公安委員会	○	○	○	なし	
作業主任者免状	都道府県知事等		○	○		
消防設備士免状	都道府県知事		○	○	10年等	
少年指導委員証	都道府県公安委員会		○	○	2年等	
通訳案内士登録証（通訳案内業免許証）	都道府県知事		○		なし	平成18年4月1日法改正により変更
取消処分者講習修了証明書	都道府県公安委員会	○	○	○	1年等	
特殊無線技士免許証	総務大臣（総合通信局長等）		○	○	なし	
保護司の証票	都道府県保護観察所長		○	○	10年	
防火管理講習修了書	日本防火・防災協会		○	○	なし	
労働安全衛生法による免許証 　第一種衛生管理者免許証 　第二種衛生管理者免許証 　衛生工学衛生管理者免許証 　高圧室内作業主任者免許証 　ガス溶接作業主任者免許証 　林業架線作業主任者免許証 　エックス線・ガンマ線透過写 　　真撮影作業主任者免許証 　特級ボイラー技士免許証 　一級ボイラー技士免許証 　二級ボイラー技士免許証 　特別ボイラー溶接士免許証 　普通ボイラー溶接士免許証 　ボイラー整備士免許証 　等	労働局長		○	○	なし	
官公署の職員証	各官公署		○	○		
教職員証（国・県・市立の幼小中高大に限る）	教育委員会教育長		○	○		国立大学法人の教職員証・学生証は

❶印鑑登録・廃止届

学生証（国・県・市立の高校・大学）	各学校		○	○		不可

　この表に記載したもの以外にも，官公署の交付した免許証，許可証若しくは身分証明書であって本人の写真を添付したものはあります。

○免許証等による印鑑登録手順

　本人の免許証等を確認し，印鑑登録申請書の職員確認欄に次の内容を記入します。

- 運転免許証……交付者「○○県公安委員会」，有効期限年月日と交付番号
- 在留カード・特別永住者証明書……交付者「法務大臣」，有効期限年月日と交付番号
- パスポート……交付者「外務大臣」，有効期限年月日と交付番号

　※　免許証等で本人確認を行う場合には，必要に応じ，適宜，口頭で質問を行って補足する等慎重に行います。

(4)　印鑑登録原票を作成

　職員は窓口の専用朱肉で印鑑登録票・印鑑登録申請書に印影が鮮明にでるよう押印し，印鑑登録原票に押印後は印影部分を専用カバーで覆います。

(5)　職員による読み取り

　職員は住民記録システムのスキャナー印影読み取りを活用して電磁的に読み取ります。

(6)　職員による確認

　職員は住民記録システムでの印鑑登録番号の発番と交付する印鑑登録証の番号が一致していることを確認します。

(7)　交付

　職員は申請者本人に印鑑登録証を交付します。

7　本人からの即時登録の説明　委託業者と職員が受付（身分証明書）

(1)　本人から印鑑登録の申請

　本人から委託業者に印鑑登録申請書の申請用紙を提出

　本人が住民登録をしている住所・氏名・生年月日を記入します。

⑵　**委託業者のシステム確認**

　委託業者は申請書が適正に記載されているか住民記録システムと照合しながら確認します。

⑶　**免許証等による本人確認（即時登録）**

　委託業者は免許証等により本人の確認を行います。

　免許証等の確認は職員が行う印鑑登録と同じです（96頁）。

　官公署の交付した免許証，許可証若しくは身分証明書であって本人の写真を添付したものにより本人確認を行います。

　本人確認は顔写真，住所，氏名，生年月日が窓口に来ている本人と合致するかを確認します。

○免許証等による印鑑登録手順

　本人の免許証等を確認し，印鑑登録申請書確認欄に次の内容を記入します。

- 運転免許証……交付者「○○県公安委員会」，有効期限年月日と交付番号
- 在留カード・特別永住者証明書……交付者「法務大臣」，有効期限年月日と交付番号
- パスポート……交付者「外務大臣」，有効期限年月日と交付番号

※　免許証等で本人確認を行う場合には，必要に応じ，適宜，口頭で質問を行って補足する等慎重に行います。

⑷　**印鑑登録原票を作成**

　委託業者は窓口の専用朱肉で印鑑登録票・印鑑登録申請書に印影が鮮明にでるよう押印し，印鑑登録原票に押印後は印影部分を専用カバーで覆います。

⑸　**委託業者による読み取り**

　委託業者は住民記録システムのスキャナー印影読み取りを活用して電磁的に読み取り，仮入力します。

⑹　**委託業者による確認**

　委託業者は住民記録システムでの印鑑登録番号の発番と交付する印鑑登録証の番号が一致していることを確認します。

　委託業者は印鑑登録申請書，印鑑登録証を職員に引き継ぎます。

⑺　**職員の受理決定**

　職員は委託業者が受け付けた申請書，登録印鑑等の全てが適正であると確認すれば，その申請を受理し（仮入力を承認します。），**委託業者に印鑑登録申請書と印鑑登録証を**

引き継ぎます。

　職員の確認内容は次の項目です。

- 申請書の内容は適正か
- 登録できる印鑑か
- 住民記録システムに適正に仮入力できているか（確認後に仮入力を承認します。）
- 印鑑登録番号は印鑑登録証と合致しているか

⑻　交付

　委託業者は申請者本人に印鑑登録証を交付します。

8　本人からの即時登録の説明　職員が受付（保証人）

　保証人による即時登録とは，当該市区町村において既に印鑑の登録を受けている者によって登録申請者が本人に相違ないことが保証された書面を提出した場合に，本人の意思に基づくものと認定する登録方法です。

⑴　保証人の登録印による本人保証の要件

　ア　本人が窓口で申請していること。

　イ　既に印鑑の登録を受けている者により登録申請者が本人に相違ないことを保証された書面を提出していること。

　ウ　保証人の登録印が，既に印鑑登録している印影と同一であると認められること。

　※　印鑑登録申請書では保証人欄が一体となっているので，本人が保証人欄を窓口で記載するケースも見受けられますが，保証人欄は保証人が記載すべき内容であるため，受け付けられません。

　※　保証人の登録印による本人保証を行う場合には，必要に応じ，適宜，口頭で質問を行って補足する等慎重に行います。

⑵　保証人の登録印による本人保証による印鑑登録手順

　登録申請者と保証人が印鑑登録申請書に住民登録をしている住所・氏名・生年月日等を記入し，職員に提出します。

　※　職員は印鑑登録申請書の保存期間中の印影のにじみ，かすれを防止するため，必ず市区町村窓口に設置している印肉を使用して押印してください。

　※　この時点で，登録できる印鑑かどうかを判定します。

　※　住民記録システムの印鑑登録で，同一世帯に同じ印鑑がないかも確認します。同じ印鑑である場合には登録印鑑を替えるよう説明します。

⑶　職員の確認

　職員は保証人の印影が住民記録システムの印鑑登録の印影（印鑑登録原票）と合致しているか確認します。

　一致していない場合は登録できないことを本人に説明します。

　なお，職員は本人・保証人に対して疑義がある場合は，本人・保証人に対して口頭で本人しか知りえない内容を聞き取り，本人確認を徹底します。

⑷　印鑑登録原票を作成

　職員は窓口の専用朱肉で印鑑登録票・印鑑登録申請書に印影が鮮明にでるよう押印し，印鑑登録原票に押印後は印影部分を専用カバーで覆います。

⑸　職員による読み取り

　職員は住民記録システムのスキャナー印影読み取りを活用して電磁的に読み取ります。

⑹　職員による確認

　職員は住民記録システムでの印鑑登録番号の発番と交付する印鑑登録証の番号が一致していることを確認します。

⑺　職員の受理決定

　職員は受け付けた申請書，登録印鑑等の全てが適正であると判断すれば，その申請を受理します。

⑻　交付

　職員は申請者本人に印鑑登録証を交付します。

9　本人からの即時登録の説明　委託業者と職員が受付（保証人）

⑴　保証人の登録印による本人保証の要件

　ア　本人が窓口で申請していること。

　イ　既に印鑑の登録を受けている者により登録申請者が本人に相違ないことを保証された書面を提出していること。

　ウ　保証人の登録印が，既に印鑑登録している印影と同一であると認められること。

　※　印鑑登録申請書では保証人欄が一体となっていますので，本人が保証人欄を窓口で記載するケースも見受けられますが，保証人欄は保証人が記載すべき内容であるため，受け付けられません。

　※　保証人の登録印による本人保証を行う場合には，必要に応じ，適宜，口頭で質問を行って補足する等慎重に行います。

⑵　保証人の登録印による本人保証による印鑑登録手順

　登録申請者と保証人が印鑑登録申請書に住民登録をしている住所・氏名・生年月日

等を記入し，委託業者に提出します。

⑶　委託業者が本人の登録印・保証人印に押印

※　印鑑登録申請書の保存期間中の印影のにじみ，かすれを防止するため，必ず市区町村窓口に設置している朱肉を使用して押印してください。

※　この時点で，登録できる印鑑かどうかを確認します。

※　住民記録システムの印鑑登録で，同一世帯に同じ印鑑がないかも確認します。同じ印鑑である場合には登録印鑑を替えるよう説明します。

⑷　委託業者による確認

委託業者は保証人の印影が住民記録システムの印鑑登録の印影（印鑑登録原票）と合致しているか確認します。

⑸　印鑑登録原票を作成

委託業者は窓口の専用朱肉で印鑑登録票・印鑑登録申請書に印影が鮮明にでるよう押印し，印鑑登録原票に押印後は印影部分を専用カバーで覆います。

⑹　委託業者による読み取り

委託業者は住民記録システムのスキャナー印影読み取りを活用して電磁的に仮入力します。

⑺　委託業者による確認

委託業者は住民記録システムでの印鑑登録番号の発番と交付する印鑑登録証の番号が一致していることを確認します。

委託業者は印鑑登録申請書，印鑑登録証を職員に引き継ぎます。

⑻　職員の受理決定

職員は委託業者が受け付けた申請書，登録印鑑等の全てが適正であると判断すれば，その申請を受理し（仮入力を承認します。），委託業者に印鑑登録申請書と印鑑登録証を引き継ぎます。

職員の確認内容は次の項目です。

• 申請書の内容は適正か

• 登録できる印鑑か，保証人の印鑑は登録した印鑑と合致しているか

• 住民記録システムに適正に仮入力できているか（確認後に仮入力を承認します。）

• 印鑑登録番号は印鑑登録証と合致しているか

⑼　**交付**

委託業者は申請者本人に印鑑登録証を交付します。

10　照会・回答登録の説明　職員が受付（本人又は代理人申請）

⑴　**照会・回答登録（本人申請の場合）**

申請者本人が照会・回答登録を行うケースとしては，官公署の交付した免許証，許可証若しくは身分証明書であって本人の写真を添付したものが提出できない及び当該市区町村で印鑑登録をしている保証人を立てられない場合です。

郵送で照会を行うため，窓口で即時に印鑑登録証をお渡しすることができません。

最短でも1日～2日の日時がかかります。郵便配達の休日が間に入れば3日以上かかるようです。

照会・回答登録は，印鑑登録申請者に郵送で本人が印鑑登録をする意思があるかを確認し，同封している回答書を持参することで本人の意思の確認を行っています。

⑵　**本人又は代理人申請の照会・回答登録の場合の印鑑登録手順**

ア　本人又は代理人が印鑑登録申請書に住民登録をしている住所・氏名・生年月日を記入し職員に提出します。

※　職員は印鑑登録申請書の保存期間中の印影のにじみ，かすれを防止するため，必ず市区町村窓口に設置している朱肉を使用して押印してください。

※　この時点で，登録できる印鑑かどうかを判定します。

※　住民記録システムの印鑑登録で，同一世帯に同じ印鑑がないかも確認します。同じ印鑑である場合には登録印鑑を替えるよう説明します。

イ　印鑑登録原票を作成

職員は住民記録システムと印鑑登録者の情報を照合し，合致している場合にシステムから印鑑登録原票を出力します。

続いて，専用朱肉で印鑑登録原票に印影が鮮明にでるよう押印し，押印後は専用カバーで覆います。

申請内容が住民基本台帳の内容と異なる場合は申請を不受理とします。

ウ　職員は印鑑登録申請書の照会書発送日時欄に発送日時を記載します。

エ　職員は照会書を本人宛に発送します。

個々の発送ではなく，1日1回まとめて発送をしている市区町村がほとんどです。

オ　本人又は代理人が郵送した回答書を持参するまで印鑑登録申請書及び印鑑登録原票を一時保管します。

⑶　**本人が回答書を持参した場合の手順**

ア　通常，回答登録は照会登録を行った窓口でしか受け付けないことになっていま

す（登録印鑑の確認を行うため。）。

イ　職員は本人が回答書・前回登録申請をした印鑑を持参しているか確認します。

ウ　回答書の登録申請者欄を本人が記入し，登録申請印を押印し職員に提出します。

エ　職員は以前に登録申請している印影と回答書の印影を比較し，同じであれば本人と認めます。

オ　市区町村では本人確認を強化するため，回答書を持参したときに本人の健康保険証やキャッシュカード等の確認を行っているところもあります。

カ　職員は回答者の印鑑が本人のものと確認できた場合には，住民記録システムのスキャナー印影読み取りを活用して電磁的に読み取ります。

キ　職員は住民記録システムでの印鑑登録番号の発番と交付する印鑑登録証の番号が一致していることを確認します。

ク　職員は全ての確認が適正であれば，印鑑登録申請者に印鑑登録が完了した旨を本人に告知し，印鑑登録証を交付します。

(4)　代理人が回答書を持参した場合の手順

ア　通常，回答登録は照会登録を行った窓口でしか受け付けないことになっています（登録印鑑の確認を行うため。）。

イ　職員は代理人が回答書・前回登録申請をした印鑑を持参しているか確認します。

ウ　職員は回答書の登録申請者欄及び代理人選任届書を本人が記入していることを確認し，登録申請印を押印します。

エ　職員は以前に登録申請している印影と回答書の印影を比較し，同じであれば代理人の印鑑登録証の受領を本人の意思と認めます。

※　市区町村では本人確認を強化するため，回答書を持参したときに代理人の健康保険証やキャッシュカード等の確認を行っているところもあります。

オ　職員は回答者の印鑑が本人のものと確認できた場合には，住民記録システムのスキャナー印影読み取りを活用して電磁的に読み取ります。

カ　職員は住民記録システムでの印鑑登録番号の発番と交付する印鑑登録証の番号が一致していることを確認します。

キ　職員は全ての確認が適正であれば，代理人に印鑑登録が完了した旨を告知し，印鑑登録証を交付します。

11　照会・回答登録の説明　委託業者と職員が受付（本人又は代理人申請）

(1)　本人又は代理人申請の照会・回答登録の場合の印鑑登録手順

登録申請者が印鑑登録申請書に住民登録をしている住所・氏名・生年月日を記入し

委託業者に提出します。

　ア　委託業者は印鑑登録申請書の保存期間中の印影のにじみ，かすれを防止するため，必ず市区町村窓口に設置している朱肉を使用して押印します。

　イ　委託業者は住民記録システムで申請者の氏名・住所等が一致するか確認します。加えて，印鑑登録で，同一世帯に同じ印鑑がないかも確認します。この時点で，登録できる印鑑かどうかも確認します。

(2)　印鑑登録原票を作成

　委託業者は窓口の専用朱肉で印鑑登録原票に印影が鮮明にでるよう押印し，押印後は専用カバーで覆います。

(3)　職員に引き継ぎ

　委託業者は印鑑登録申請書の照会書発送日時欄に発送日時を記載し，職員に印鑑登録申請書を引き継ぎます。

(4)　職員は住民記録システムと印鑑登録者の情報が同一かどうかを確認

　登録できる印鑑かどうかも確認します。

　申請内容が適正であれば申請を受理します。

　申請内容が住民基本台帳の内容と異なる場合は申請を不受理とします。

(5)　委託業者に引き継ぎ

　職員は申請書を委託業者に引き継ぎます。

(6)　委託業者は照会書を住民記録システムから発行し，本人宛に発送

　個々の発送ではなく，まとめて1日1回発送をしている市区町村がほとんどです。

(7)　委託業者の一時保管

　委託業者は本人又は代理人が郵送した回答書を持参するまで印鑑登録申請書及び印鑑登録原票を一時保管します。

(8)　本人が回答書を持参した場合の手順

　ア　通常，回答登録は照会登録を行った窓口でしか受け付けないことになっています（登録印鑑の確認を行うため。）。

　イ　委託業者は本人が回答書・前回登録申請をした印鑑を持参しているか確認します。

　ウ　本人は回答書の登録申請者欄を記入し，登録申請印を押印し委託業者に提出し

ます。

エ　委託業者は以前に登録申請している印影と回答書の印影を比較確認します。

オ　市区町村では本人確認を強化するため，回答書を持参したときに本人の健康保険証やキャッシュカード等の確認を行っているところもあります。

カ　委託業者は回答者の印鑑が登録印鑑と同一であると確認できた場合は，住民記録システムのスキャナー印影読み取りを活用して電磁的に読み取ります。

キ　委託業者は住民記録システムでの印鑑登録番号の発番と交付する印鑑登録証の番号が一致していることを確認し，職員に印鑑登録申請書・回答書・印鑑登録証を引き継ぎます。

ク　職員は全ての確認が適正であれば（確認後に仮入力を承認します。），印鑑登録申請の受理の判断をして，印鑑登録申請書・回答書・印鑑登録証を委託業者に引き継ぎます。

　　不受理の場合は職員が申請者に説明します。

ケ　委託業者は印鑑登録が完了した旨を本人に告知し，印鑑登録証を交付します。

(9)　代理人が回答書を持参した場合の手順

ア　通常，回答登録は照会登録を行った窓口でしか受け付けないことになっています（登録印鑑の確認を行うため。）。

イ　委託業者は代理人が回答書・前回登録申請をした印鑑を持参しているか確認します。

ウ　委託業者は回答書の登録申請者欄及び代理人選任届書を本人が記入していることを確認し，登録申請印を押印します。

エ　委託業者は以前に登録申請している印影と回答書の印影を比較し，同一であるかを確認します。

※　市区町村では本人確認を強化するため，回答書を持参したときに代理人の健康保険証やキャッシュカード等の確認を行っているところもあります。

オ　委託業者は回答者の印鑑が登録印鑑と同一であると確認できた場合は，住民記録システムのスキャナー印影読み取りを活用して電磁的に読み取ります。

カ　委託業者は住民記録システムでの印鑑登録番号の発番と交付する印鑑登録証の番号が一致していることを確認し（確認後に仮入力を承認します。），印鑑登録申請書・回答書・印鑑登録証を職員に引き継ぎます。

キ　職員は全ての確認が適正であれば，印鑑登録申請の受理の判断をして，印鑑登録申請書・回答書・印鑑登録証を委託業者に引き継ぎます。

　　不受理の場合は職員が申請者に説明します。

ク　委託業者は印鑑登録が完了した旨を代理人に告知し，印鑑登録証を交付します。

12　**印鑑登録申請書様式例**

印鑑登録申請書（免許証等持参申請例）

○○市区町村長　あて　　　　　　　　　　　　　　令和○○年○○月○○日

登録者	住所 ○○市区町村		登録する印鑑	
	氏名	生年月日　明・大・昭・平・西暦 　　　　年　　月　　日		
	通称名	カタカナ表記名		
保証人	この登録は本人の意思であることを保証します。		保証人の登録印鑑	
	住所 ○○市区町村			
	氏名	生年月日　明・大・昭・平・西暦 　　　　年　　月　　日		
	登録者との続柄	印鑑登録番号		照合
代理人	住所 ○○市区町村		代理人選任理由 □仕事・学校 □体調不良 □その他 （　　　　　）	
	氏名	生年月日　明・大・昭・平・西暦 　　　　年　　月　　日		
	代理人の確認			
	代理人選任届書 ○○市区町村　あて　　　　　　　　　　令和○○年○○月○○日 　　　　　　　届出者（登録申請者） 　　　　　　　住所　○○市区町村 　　　　　　　氏名　　　　　　　　　　　　　印 私は下記の者を代理人として選任し，私に係る印鑑登録についての権限を委任したのでお届けします。 　　　　　　　代理人 　　　　　　　住所　○○市区町村 　　　　　　　氏名			
免許証等の確認	個・住・免・旅・在・その他（　　　　　）		有効期限	
免許証等の交付者			交付番号	
照会	照会書	発送日時　□速達　　・　・　（　：　）		
	再送	発送日時　□速達　　・　・　（　：　）		
処理	1．受理	登録年月日（　・　・　），登録番号		
	2．不受理	不受理理由（　　　　　　　　　　　　　　）		
備考				

（吹き出し：本人記入欄）

（吹き出し：職員・委託業者記入欄）

（吹き出し：職員記入欄）

印鑑登録申請書（保証人申請例）

〇〇市区町村長　あて　　　　　　　　　　　　　　令和〇〇年〇〇月〇〇日

本人記入欄

登録者	住所 〇〇市区町村		登録する印鑑	
	氏名	生年月日　明・大・昭・平・西暦 年　　月　　日		
	通称名	カタカナ表記名		

この登録は本人の意思であることを保証します。

保証人	住所 〇〇市区町村		保証人の登録印鑑	
	氏名	生年月日　明・大・昭・平・西暦 年　　月　　日		
	登録者との続柄	印鑑登録番号		照合

保証人記入欄

代理人	住所 〇〇市区町村		代理人選任理由 □仕事・学校 □体調不良 □その他 （　　　　　）
	氏名	生年月日　明・大・昭・平・西暦 年　　月　　日	
	代理人の確認		

代理人選任届書

〇〇市区町村　あて　　　　　　　　　　　　　令和〇〇年〇〇月〇〇日

　　　届出者（登録申請者）
　　　住所　〇〇市区町村
　　　氏名　　　　　　　　　　　印

私は下記の者を代理人として選任し，私に係る印鑑登録についての権限を委任したのでお届けします。

　　　代理人
　　　住所　〇〇市区町村
　　　氏名

免許証等の確認	個・住・免・旅・在・その他（　　　）	有効期限
免許証等の交付者		交付番号
照会	照会書	発送日時　□速達　　・　・　（　：　）
	再送	発送日時　□速達　　・　・　（　：　）
処理	1．受理	登録年月日（　・　・　），登録番号
	2．不受理	不受理理由（　　　　　　　　　　）
備　考		

職員記入欄

印鑑登録申請書（照会登録申請例：本人）

○○市区町村長　あて　　　　　　　　　　　　　令和○○年○○月○○日

本人記入欄

登録者	住所 ○○市区町村		登録する印鑑	
	氏名	生年月日　明・大・昭・平・西暦 　　　　年　　　月　　　日		
	通称名	カタカナ表記名		
保証人	この登録は本人の意思であることを保証します。		保証人の登録印鑑	
	住所 ○○市区町村			
	氏名	生年月日　明・大・昭・平・西暦 　　　　年　　　月　　　日		
	登録者との続柄	印鑑登録番号		照合
代理人	住所 ○○市区町村		代理人選任理由 □仕事・学校 □体調不良 □その他 （　　　　　　）	
	氏名	生年月日　明・大・昭・平・西暦 　　　　年　　　月　　　日		
	代理人の確認			

代理人選任届書

○○市区町村　あて　　　　　　　　　　　　　令和○○年○○月○○日

　　　　　　　届出者（登録申請者）
　　　　　　　住所　○○市区町村
　　　　　　　氏名　　　　　　　　　　　　　　印

私は下記の者を代理人として選任し，私に係る印鑑登録についての権限を委任したのでお届けします。

　　　　　　　代理人
　　　　　　　住所　○○市区町村
　　　　　　　氏名

免許証等の確認	個・住・免・旅・在・		有効期限
免許証等の交付者			交付番号

職員又は委託業者記入欄

照会	照会書	発送日時　□速達　　・　・　（　：　）
	再送	発送日時　□速達　　・　・　（　：　）
処理	1．受理	登録年月日（　・　・　），登録番号
	2．不受理	不受理理由（　　　　　　　　　　　　　　）
備　考		

回答書が持参され，処理が終わった時点で記載する。職員記入欄

印鑑登録申請書（照会登録申請例：代理人）

○○市区町村長　あて　　　　　　　　　　　　　　令和○○年○○月○○日

本人記入欄

登録者	住所 ○○市区町村		登録する印鑑	
	氏名	生年月日　明・大・昭・平・西暦 年　　月　　日		
	通称名	カタカナ表記名		

保証人	この登録は本人の意思であることを保証します。		保証人の登録印鑑	
	住所 ○○市区町村			
	氏名	生年月日　明・大・昭・平・西暦 年　　月　　日		
	登録者との続柄	印鑑登録		照合

本人又は代理人記入欄

代理人	住所 ○○市区町村		代理人選任理由 □仕事・学校 □体調不良 □その他 （　　　　　　　）
	氏名	生年月日　明・大・昭・平・西暦 年　　月　　日	
	代理人の確認		

本人記入欄

代理人選任届書

○○市区町村　あて　　　　　　　　　　　　　　令和○○年○○月○○日

届出者（登録申請者）
住所　○○市区町村
氏名　　　　　　　　　　　　　　　　印

私は下記の者を代理人として選任し，私に係る印鑑登録についての権限を委任したのでお届けします。

代理人
住所　○○市区町村
氏名

職員又は委託業者記入欄

免許証等の確認	個・住・免・旅・在・	有効期限	
免許証等の交付者		交付番号	
照会	照会書	発送日時　□速達　　・　・　（　：　）	
	再送	発送日時　□速達　　・　・　（　：　）	
処理	1．受理	登録年月日（　・　・　），登録番号	
	2．不受理	不受理理由（　　　　　　　　　　　　　）	
備考	回答書が持参され，処理が終わった時点で記載する。職員記入欄		

照会書・回答書の参考例1

（本人が持参する場合は網掛け部分を記入します。）

照会書

あなたの印鑑登録申請書を受け付けました。この印鑑登録申請があなたの意思に基づくものであれば，下記回答書に自署し，登録申請した印鑑を押して申請場所まで持参してください。

このときに印鑑登録証をお渡ししますので，ご本人がお越しください。

やむを得ず代理人に依頼されるときは，代理人選任届にご記入ください。

なお，下記期限までに回答書を持参しないとき，又は申請があなたの意思に基づかないものであるときは，この申請の受付を取り消します。

- 回答期限　　令和○○年○○月○○日（1か月後）
- 申請場所　　○○市区町村○○部市民課窓口担当
- 電話番号　　○○○－○○○○－○○○
- 受付番号○○○○○○，受付年月日令和○○年○○月○○日

本人記入欄

回答書

○○市区町村長　あて

上記照会書印鑑登録申請は，私の意思に基づき申請したものに相違ありません。

登録申請者

住所 ＿＿＿＿＿＿＿＿＿＿＿＿＿＿＿

氏名 ＿＿＿＿＿＿＿＿＿＿＿＿＿＿＿

登録申請印

※登録申請印もご持参ください。本人である確認書類もご持参ください。

代理人選任届書

○○市区町村　あて　　　　　　　　　　　　令和○○年○○月○○日

届出者（登録申請者）

住所　○○市区町村 ＿＿＿＿＿＿＿＿＿＿＿

氏名 ＿＿＿＿＿＿＿＿＿＿＿　印

私は下記の者を代理人として選任し，私に係る印鑑登録証の受領について権限を委任したのでお届けします。

代理人

住所　○○市区町村 ＿＿＿＿＿＿＿＿＿＿＿

氏名 ＿＿＿＿＿＿＿＿＿＿＿

❶ 印鑑登録・廃止届

照会書・回答書の参考例2

（代理人が持参する場合は網掛け部分を記入します。）

照会書

あなたの印鑑登録申請書を受け付けました。この印鑑登録申請があなたの意思に基づくものであれば，下記回答書に自署し，登録申請した印鑑を押して申請場所まで持参してください。

このときに印鑑登録証をお渡ししますので，ご本人がお越しください。

やむを得ず代理人に依頼されるときは，代理人選任届にご記入ください。

なお，下記期限までに回答書を持参しないとき，又は申請があなたの意思に基づかないものであるときは，この申請の受付を取り消します。

　　　　　　　回答期限　　令和○○年○○月○○日（1か月後）
　　　　　　　申請場所　　○○市区町村○○部市民課窓口担当
　　　　　　　電話番号　　○○○－○○○○－○○○
　　　　　　　受付番号○○○○○○，受付年月日令和○○年○○月○○日

本人記入欄

回答書

○○市区町村長　あて

上記照会書印鑑登録申請は，私の意思に基づき申請したものに相違ありません。

登録申請者

住所＿＿＿＿＿＿＿＿＿＿＿＿＿＿

氏名＿＿＿＿＿＿＿＿＿＿＿＿＿＿

※登録申請印もご持参ください。本人である確認書類もご持参ください。

登録申請印

代理人選任届書

○○市区町村　あて　　　　　　　　　　令和○○年○○月○○日

　　　　　届出者（登録申請者）

　　　　　住所　○○市区町村＿＿＿＿＿＿＿＿＿

　　　　　氏名＿＿＿＿＿＿＿＿＿＿＿＿印

私は下記の者を代理人として選任し，私に係る印鑑登録証の受領について権限を委任したのでお届けします。

　　　　　代理人

　　　　　住所　○○市区町村＿＿＿＿＿＿＿

　　　　　氏名＿＿＿＿＿＿＿＿＿＿＿＿

13　印鑑登録の廃止届の説明

　印鑑登録の廃止届は，印鑑登録をしている本人の意思により，廃止をするものです。

　原因としては，登録している印鑑の紛失，摩滅・き損，新たな印鑑の作製等があり，印鑑登録証では紛失・盗難，汚損・き損があります。

　市区町村長は，印鑑の登録の廃止の申請があったときは，審査をしたうえで，当該申請に係る印鑑登録を廃止します。

　また，印鑑登録証の亡失の届出があったときも印鑑登録を廃止します。

　印鑑登録の廃止と市区町村長の職権で印鑑登録をまっ消する場合は次のとおりです。

区分	申請人	廃止理由	必要なもの等
印鑑等亡失届兼印鑑登録廃止申請	本人	登録印鑑の紛失，摩滅・き損，新たな印鑑の作製等	印鑑登録証の返還
		印鑑登録証の紛失・盗難，汚損・き損	登録印鑑の押印
	代理人	登録印鑑の紛失，摩滅・き損，新たな印鑑の作製等	代理人選任届 印鑑登録証の返還
		印鑑登録証の紛失・盗難，汚損・き損	代理人選任届 登録印鑑の押印
職権で印鑑登録をまっ消	転出届，死亡届の届出人	転出，死亡	転出届，死亡届に基づき職権で印鑑登録をまっ消し，印鑑登録証の返還を求める。
職権で印鑑登録をまっ消	戸籍届出等の届出人	氏名，氏若しくは名（外国人住民にあっては，通称又は氏名のカタカナ表記を含む。）を変更した（登録されている印影を変更する必要のない場合を除く。）	登録している印鑑に記載されている氏・名等が住民基本台帳に記載されている内容と違った場合，印鑑登録証の返還を求める。
職権で印鑑登録をまっ消	（出入国在留管理庁長官からの通知等により市区町村長の職権で行う。）	外国人住民にあっては住民基本台帳法第30条の45の表の上欄に掲げる者ではなくなったこと（日本の国籍を取得した場合を除く。）	住民基本台帳に記載される外国人の範囲でなくなった場合（日本の国籍を取得した場合を除く。），印鑑登録証の返還を求める。
職権で印鑑登録原票の住所，生年月日，氏・名の記載事項の変更	転居届・戸籍届出等の届出人	当該市区町村内で住所を変更した場合 氏名，氏若しくは名（外国人住民にあっては，通称又は氏名のカタカナ表記を含む。）を変更したが，登録されている印影を変更する必要のない場合	印鑑登録証の返還を求める。

14　印鑑等亡失届書兼印鑑登録廃止申請書様式例

本人が申請する場合は，網掛けの部分を記入します。

印鑑等亡失届書兼印鑑登録廃止申請書

○○市区町村長　あて　　　　　　　　　　　　　　令和○○年○○月○○日

登録している印鑑	印鑑登録証の番号	本人記載欄
	登録印鑑	1．紛失　2．摩減・き損　3．新印作製　4．その他
	印鑑登録証	1．紛失・盗難　2．汚損・き損

登録者	住所 ○○市区町村	
	氏名	生年月日　明・大・昭・平・西暦　　　年　　月　　日
	通称名	カタカナ表記名

代理人

住所
○○市区町村

氏名
　　　　　　　　　　　　　　　　印

代理人選任届書

　　　　　　　　　　　　　　　令和○○年○○月○○日

○○市区町村　あて

　　　届出者（登録申請者）
　　　住所　○○市区町村
　　　氏名　　　　　　　　　　　　　印

私は下記の者を代理人として選任し，私に係る印鑑登録についての権限を委任したのでお届けします。

　　　代理人
　　　住所　○○市区町村
　　　氏名

代理人が申請する場合は，網掛けの部分を本人が記入します。

印鑑等亡失届書兼印鑑登録廃止申請書

○○市区町村長　あて　　　　　本人記載欄　　　　　令和○○年○○月○○日

登録している印鑑	印鑑登録証の番号	本人記載欄
	登録印鑑	1．紛失　2．摩滅・き損　3．新印作製　4．その他
	印鑑登録証	1．紛失・盗難　2．汚損・き損

登録者	住所 ○○市区町村	
	氏名	生年月日　明・大・昭・平・西暦 　　　　年　　月　　日
	通称名	カタカナ表記名

代理人	住所 ○○市区町村
	氏名　　　　　　　　　　　　　印
	代理人選任届書 　　　　　　　　　令和○○年○○月○○日 ○○市区町村　あて 　　　届出者（登録申請者） 　　　住所　○○市区町村 　　　氏名　　　　　　　　　印 私は下記の者を代理人として選任し，私に係る印鑑登録についての権限を委任したのでお届けします。 　　　代理人 　　　住所　○○市区町村 　　　氏名

❶ 印鑑登録・廃止届

② 住民異動届

　住民基本台帳法第21条の4では，住民としての地位の変更に関する届出は，すべて住民異動届によって行うものとすると定められています。

　この市民課マニュアルでは，初心者向けの転入届と転居届，転出届について流れ図をつけています。

　流れ図と後記受付手順例は職員が対応した場合と委託業者と職員で行う場合を記載しています。

転入届の流れ図（職員が受付）

市民

（必要書類）
- 住民異動届（転入）
- 転出証明書（転出証明書に準ずる証明書でも可）
- マイナンバーカード（特例転出の場合）

住民異動届，転出証明書等を提出 →

職員

- 転入届が正しく記載されているか。
- 転入後の住所地は存在するのか等のチェックを行う。
- 届出人の証明書又は口頭質問による本人確認を行う。

（126頁〜）

← 転入した日から14日を過ぎた場合は届出期間経過通知書の提出を求める。

受理決定
- 転入届の要件が適正である場合

NO ← ← ← ← ←

YES ↓

不受理の場合はその旨を説明，書類等の返却

← - マイナンバーカードを返還
- 公立の小・中学生がいる場合は就学通知書の交付
- 国保，後期高齢者医療制度，国民年金等の窓口の手続きの説明

- マイナンバーカードの裏書及びICチップへの変更入力（カードを持参していない場合は後日持参するよう伝える。ICチップの継続利用は90日を超えると廃止となる。）
- 住民異動届（転入）の入力等

❷ 住民異動届

転入届の流れ図（委託業者と職員が受付）

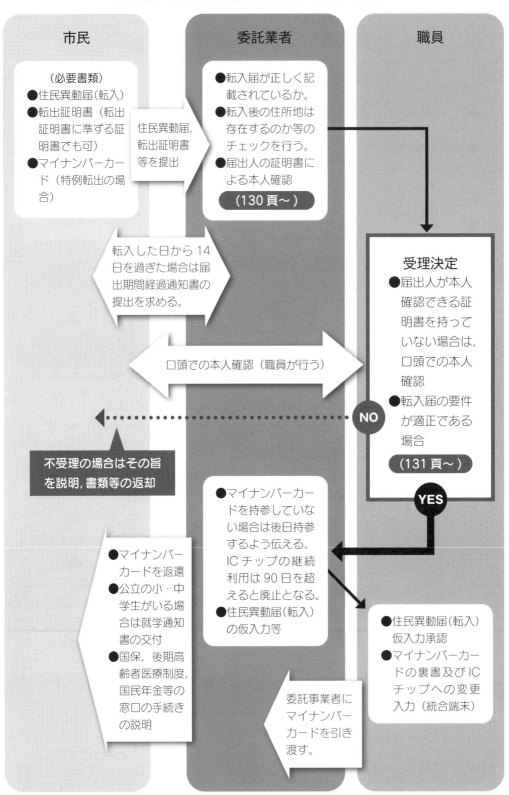

市民

（必要書類）
- 住民異動届（転入）
- 転出証明書（転出証明書に準ずる証明書でも可）
- マイナンバーカード（特例転出の場合）

住民異動届，転出証明書等を提出

転入した日から14日を過ぎた場合は届出期間経過通知書の提出を求める。

口頭での本人確認（職員が行う）

不受理の場合はその旨を説明，書類等の返却

- マイナンバーカードを返還
- 公立の小・中学生がいる場合は就学通知書の交付
- 国保，後期高齢者医療制度，国民年金等の窓口の手続きの説明

委託業者

- 転入届が正しく記載されているか。
- 転入後の住所地は存在するのか等のチェックを行う。
- 届出人の証明書による本人確認
（130頁〜）

- マイナンバーカードを持参していない場合は後日持参するよう伝える。ICチップの継続利用は90日を超えると廃止となる。
- 住民異動届（転入）の仮入力等

委託事業者にマイナンバーカードを引き渡す。

職員

受理決定
- 届出人が本人確認できる証明書を持っていない場合は，口頭での本人確認
- 転入届の要件が適正である場合
（131頁〜）

NO

YES

- 住民異動届（転入）仮入力承認
- マイナンバーカードの裏書及びICチップへの変更入力（統合端末）

転居届の流れ図（職員が受付）

市民

（必要書類）
●住民異動届（転居）
●マイナンバーカード

住民異動届（転居）等を提出

職員

●転居届が正しく記載されているか。
●転居後の住所地は存在するのか等のチェックを行う。
●届出人の証明書又は口頭質問による本人確認

（128頁～）

転居した日から14日を過ぎた場合は届出期間経過通知書の提出を求める。

受理決定
●転居届の要件が適正である場合

NO

YES

不受理の場合はその旨を説明，書類等の返却

●マイナンバーカードを返還
●公立の小・中学生がいる場合は，就学通知書，転学通知書の交付
●国保，後期高齢者医療制度，国民年金等の窓口の手続きの説明

●マイナンバーカードの裏書及びICチップへの変更入力（カードを持参していない場合は後日持参するよう伝える。）
●住民異動届（転居）の入力等

❷住民異動届

転居届の流れ図（委託業者と職員が受付）

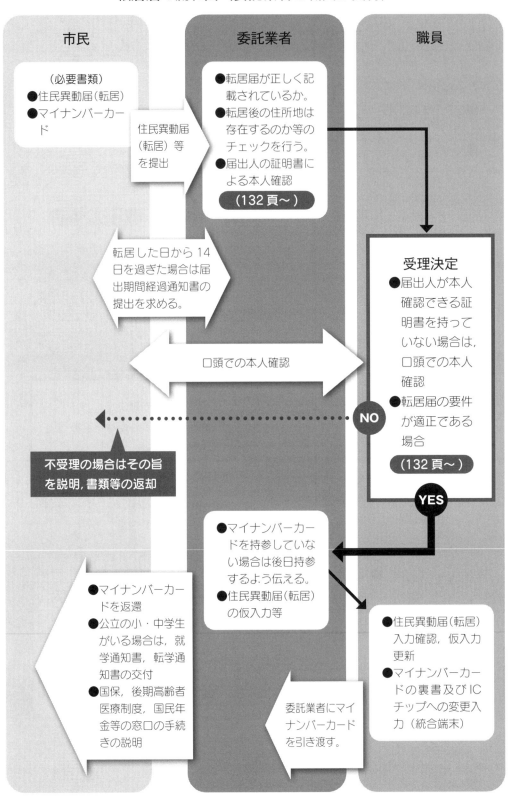

市民

（必要書類）
●住民異動届（転居）
●マイナンバーカード

住民異動届（転居）等を提出

転居した日から14日を過ぎた場合は届出期間経過通知書の提出を求める。

口頭での本人確認

不受理の場合はその旨を説明，書類等の返却

●マイナンバーカードを返還
●公立の小・中学生がいる場合は，就学通知書，転学通知書の交付
●国保，後期高齢者医療制度，国民年金等の窓口の手続きの説明

委託業者

●転居届が正しく記載されているか。
●転居後の住所地は存在するのか等のチェックを行う。
●届出人の証明書による本人確認
（132頁〜）

●マイナンバーカードを持参していない場合は後日持参するよう伝える。
●住民異動届（転居）の仮入力等

委託業者にマイナンバーカードを引き渡す。

職員

受理決定
●届出人が本人確認できる証明書を持っていない場合は，口頭での本人確認
●転居届の要件が適正である場合
（132頁〜）

NO

YES

●住民異動届（転居）入力確認，仮入力更新
●マイナンバーカードの裏書及びICチップへの変更入力（統合端末）

転出届の流れ図（職員が受付）

市民

（必要書類）
- 住民異動届（転出）
- マイナンバーカード（特例転出の場合）

住民異動届（転出）等を提出 →

職員

- 転出届が正しく記載されているか。
- 届出人の証明書又は口頭質問による本人確認
- マイナンバーカードを持参している場合は特例転出の手続きを行い，転出証明書は渡さない。

（129頁～）

← 世帯主が転出するときは，世帯主変更届も提出するよう伝える。

受理決定
- 転出届の要件が適正である場合

NO ← ‥‥‥‥‥

YES ↓

不受理の場合はその旨を説明，書類等の返却

- 住民異動届（転出）の入力等
- 特例転出の場合は統合端末に入力する。

↓

- 転出証明書の交付
- マイナンバーカードを返還
- 公立の小・中学生がいる場合は転学通知書の交付
- 国保，後期高齢者医療制度，国民年金等の窓口の手続きの説明

❷ 住民異動届

転出届の流れ図（委託業者と職員が受付）

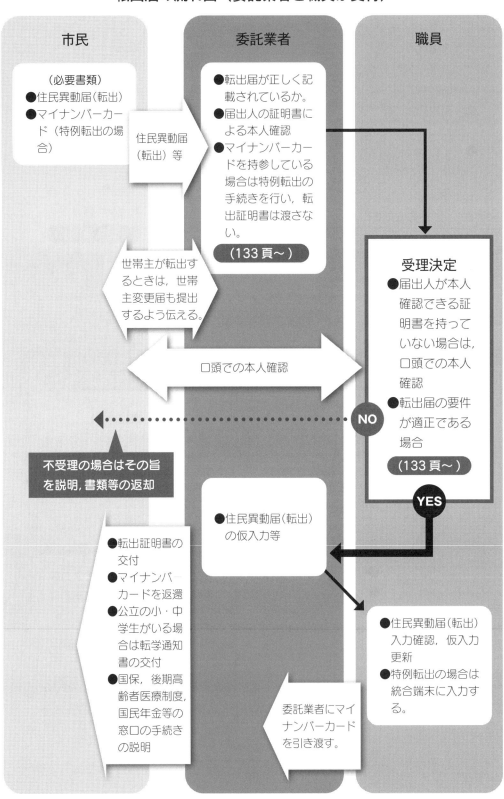

市民

委託業者

職員

（必要書類）
●住民異動届（転出）
●マイナンバーカード（特例転出の場合）

住民異動届（転出）等

●転出届が正しく記載されているか。
●届出人の証明書による本人確認
●マイナンバーカードを持参している場合は特例転出の手続きを行い，転出証明書は渡さない。

（133 頁〜）

世帯主が転出するときは，世帯主変更届も提出するよう伝える。

口頭での本人確認

受理決定
●届出人が本人確認できる証明書を持っていない場合は，口頭での本人確認
●転出届の要件が適正である場合

（133 頁〜）

NO

不受理の場合はその旨を説明，書類等の返却

●住民異動届（転出）の仮入力等

YES

●転出証明書の交付
●マイナンバーカードを返還
●公立の小・中学生がいる場合は転学通知書の交付
●国保，後期高齢者医療制度，国民年金等の窓口の手続きの説明

委託業者にマイナンバーカードを引き渡す。

●住民異動届（転出）入力確認，仮入力更新
●特例転出の場合は統合端末に入力する。

1　住民異動届の根拠法令・端末機等

項目	説明
主な根拠法令	住民基本台帳法第22条〜第26条を参照ください。
操作する端末機	住民記録システムの住民異動届画面から処理します。
DV被害者への支援措置	住民異動届を利用してDV被害者支援措置対象者の住所を加害者が調べることもあるため，DV被害者支援措置対象者の住民異動届が提出された場合は本人の意思かどうかの確認が必要
マイナンバー制度と個人番号カード	通知カードは住所変更を追記欄に記載します。 マイナンバーカードは住所変更を追記欄に記載するとともに，ICチップ内の内部記録事項を更新します。
事前登録型本人通知制度	事前登録型本人通知制度の対象外
窓口業務の一部委託	1　住民異動届の受付に関する業務 　　届出人の確認，届出書の記載事項，添付書類の確認 2　住民票の記載に関する業務 　　住民票の記載のみならず，電算化されている場合には，端末の入出力の操作を含みます。 3　転出証明書の作成に関する業務 　　転出証明書の作成のみならず，電算化されている場合には，端末の入出力の操作を含みます。 4　転出証明書の引渡し業務 5　その他，事実上の行為又は補助的業務 ※ただし，住民基本台帳ネットワークシステムについては，民間事業者の取扱いは認められない。
個人情報保護対策等	住民基本台帳法，個人情報の保護に関する法律等により，個人情報保護が担保されています。

❷住民異動届

2　住民異動届の種類

住民異動届の種類は次のとおりです。

	届出の種類	説明	必要書類等	住民基本台帳法
転入届	転入届	他の市区町村から住所を移してきた届	・転出証明書（転出証明書に準ずる証明書でも可） ・マイナンバーカード又は住基カード（特例転出の場合）	第22条
	未届転入届	前住所地で転入届を行わずに直接転入してきた届	・最終住所地の転出証明書（又は転出証明書に準ずる証明書） ・マイナンバーカード（特例転出の場合）	
	海外からの転入届	国外から転入してきた場合の届	・転入者全員のパスポート ・転入者の戸籍謄抄本・戸籍の附票（転入者の本籍が当該市区町村以外の場合）	
	住所設定届	住所を定めていなかった者が新たに住所を定める届	・住所設定をする申立書・疎明資料（必要に応じて）	

			・住所設定者の戸籍謄抄本・戸籍の附票（転入者の本籍が当該市区町村以外の場合） ・マイナンバーカード	
転居届	転居届	当該市区町村内で住所を異動した場合の届	異動日から6カ月を過ぎている時は，居住年月日が確認できる書類 ・マイナンバーカード	第23条
転出届	転出届（確定）	当該市区町村外に住所を移した届		第24条
	転出届（予定）	当該市区町村外に住所を移す届（転出届出日より異動日が後（同日を含む））		
	国外転出届	国外に転出する届 ※国外での移住がおおむね1年以上にわたる場合は届出が必要	転出先の住所が必要（転出先は国名でもよい） ・マイナンバーカード	
	特例転出届（付記転出届）	紙の転出証明書の代わりに，マイナンバーカード又は住民基本台帳カードで転入手続きが可能になる転出届	・マイナンバーカード	第24条の2
世帯変更届	世帯主変更届	世帯の異動を伴わず，世帯主を変更する届		第25条
	世帯合併届	一つの世帯が他の世帯に入る届（住所の異動は伴わない。）		
	世帯分離届	既存の世帯を分離する届（住所の異動は伴わない。）		
	世帯変更届	同一住所に複数世帯があった場合に，その属する世帯員が他の世帯に入る届（住所の異動は伴わない。）		

3　住民異動届の届出人等（届出義務者等）

住民異動届の届出人は次の者が市区町村長に届け出なければなりません。

届出名	届出義務者	届出期間	届出内容
転入届	転入をした者 ※世帯主が届出を行う場合 住民基本台帳法第26条 1　世帯主は，世帯員に代わって，この章又は第4章の3の規定による届出をすることができる。 2　世帯員がこの章又は第4章の3の規定による届出をすることができないときは，世帯主が世帯員に代わって，その届出をしなければならない。 ※本人確認は顔写真付きの官公署交付証明書で行います。本人確認証明書がない場合は，戸籍事項等の口頭質問で本人確認をします（住民票の写しの申請を参照）。	転入をした日から14日以内 ※届出期間の起算日は，転入した初日は参入せず，翌日から計算し，14日後の終了をもって満了します。 但し，14日後が日曜日・祝日等の場合は，その翌日に満了します。 ※届出期間を経過して届出を行った場合は，届出期間経過理由書を届出義務者に記入してもらい，簡易裁判所に送付します。 ※届出期間を経過した転入届も受付できます。	1　氏名 2　住所 3　転入をした年月日 4　従前の住所 5　世帯主についてはその旨，世帯主でない者については世帯主の氏名及び世帯主との続柄 6　転入前の住民票コード（転出届に記入されていま

	※代理人選任届又は委任状の添付でも届出は可能です。 但し，代理人等の本人確認は行います。			す） 国外から転入をした者その他政令で定める者については，上記に掲げる事項のほか政令で定める事項
転居届	転居をした者 ※世帯主が届出を行う場合 **住民基本台帳法第26条** 1　世帯主は，世帯員に代わって，この章又は第4章の3の規定による届出をすることができる。 2　世帯員がこの章又は第4章の3の規定による届出をすることができないときは，世帯主が世帯員に代わって，その届出をしなければならない。 ※本人確認は顔写真付きの官公署交付証明書で行います。本人確認証明書がない場合は，戸籍事項等の口頭質問で本人確認をします（住民票の写しの申請を参照）。 ※代理人選任届又は委任状の添付でも届出は可能です。 但し，代理人等の本人確認は行います。	転居をした日から14日以内 ※届出期間の起算日は，転居した初日は参入せず，翌日から計算し，14日後の終了をもって満了します。 但し，14日後が日曜日・祝日等の場合は，その翌日に満了します。 ※届出期間を経過して届出を行った場合は，届出期間経過理由書を届出義務者に記入してもらい，簡易裁判所に送付します。 ※届出期間を経過した転居届も受付できます。	1　氏名 2　住所 3　転居をした年月日 4　従前の住所 5　世帯主についてはその旨，世帯主でない者については世帯主の氏名及び世帯主との続柄
転出届	転出をした者又はする者 ※世帯主が届出を行う場合 **住民基本台帳法第26条** 1　世帯主は，世帯員に代わって，この章又は第4章の3の規定による届出をすることができる。 2　世帯員がこの章又は第4章の3の規定による届出をすることができないときは，世帯主が世帯員に代わって，その届出をしなければならない。 ※本人確認は顔写真付きの官公署交付証明書で行います。本人確認証明書がない場合は，戸籍事項等の口頭質問で本人確認をします（住民票の写しの申請を参照）。 ※代理人選任届又は委任状の添付でも届出は可能です。 但し，代理人等の本人確認は行います。	転出をした日から14日以内 ※届出期間の起算日は，転入した初日は参入せず，翌日から計算し，14日後の終了をもって満了します。 ※転出予定で転出届を行う場合は，転出証明書の紛失の恐れもあることから，2週間前程度から受付を行うよう指導している市区町村もあります。	1　氏名 2　転出先 3　転出の予定年月日
世帯変更届 （転入届，転居届で世帯変更した場合を除く）	その属する世帯又はその世帯主に変更があった者 ※本人確認は顔写真付きの官公署交付証明書で行います。本人確認証明書がない場合は，戸籍事項等の口頭質	世帯変更をした日から14日以内 ※届出期間の起算日は，世帯変更した初日は参入せず，翌日から計算し，14日後の終了をもって満了します。	1　氏名 2　変更があった事項 3　変更があった年月日

❷ 住民異動届

問で本人確認をします（住民票の写しの申請を参照）。 ※代理人選任届又は委任状の添付でも届出は可能です。 但し，代理人等の本欄確認は行います。	但し，14日後が日曜日・祝日等の場合は，その翌日に満了します。 ※届出期間を経過して届出を行った場合は，届出期間経過理由書を届出義務者に記入してもらい，簡易裁判所に送付します。 ※届出期間を経過した転入届も受付できます。	

<h2>4　住民異動届の受付手順例</h2>

転入届，海外からの転入届，転居届，転出届の受付手順例を記載しました。

受付手順は各市区町村によって異なります。

下記に受付手順例を記載していますので，各市区町村の受付手順と比較して，理解を深めてください。

なお，住民異動届提出後の国民健康保険，国民年金，後期高齢者医療制度，生活保護等の福祉窓口の手続きは，この受付手順例に含めていません。

〈職員が受付した場合〉

| 転入届 | **1　届出人に聞き取りをする。**
(1)　**転出証明書はお持ちですか？**
・他市区町村からの転入では，前住所地で交付した転出証明書を添付しないと転入届ができない。
・特例転出届（付記転出届）を前住所地で行った場合は，転出証明書の代わりにマイナンバーカードを持参して届出ができる。
・未届転入届の場合は，最後に住民登録をしていた住所地の転出証明書又は準ずる証明書の添付が必要になる。
・届出人の証明書又は口頭質問による本人確認を行う。

(2)　**○○市区町村に住み始めたのはいつからですか？**
・住み始めてからの届出になり，異動日前の届出はできない（届出日と異動日が同日の場合は可）。
・異動日から14日以内の届出義務があるため，14日を経過した場合は，簡易裁判所へ通知するための住民基本台帳届出期間経過通知書（住民基本台帳法第52条第2項）の記入を説明する。
・異動日から6カ月を経過している場合は，その日から○○市区町村に住んでいるということが証明できるもの（賃貸又は売買契約書の写し，家賃の領収書，郵便物等）を添付させる。
・世帯員として一部転入する場合は，世帯主の住定日より前にならないよう確認する。

(3)　**マイナンバーカードはお持ちですか？**
・持っている場合は，住所異動後も利用できることを説明する。別途，申請書を書いてもらい，継続利用処理を行う。
・裏書を行う。 |

- 即日でカード継続利用処理をするためには,
  ① 異動日より 14 日以内の届出であること。
  ② 転出予定日から 30 日以内に転入届手続をしていること。
  ③ 前住所地で特例転出届（付記転出届）をしていること。
  ④ 申請者は本人又は本人の同一世帯員であること。
  ⑤ カードの暗証番号が分かっていること。
  　　継続利用処理をするためには入力後時間がかかる。任意代理人が手続きを行う場合には,文書での照会が必要となるため即日処理ができない。
- 紙の転出証明書しか持参していない場合は,即日の処理はできない。
- 後日,カードの継続利用処理をする場合は転入届出日から 90 日以内に継続利用の手続きをするように届出者に伝える。なお,90 日を経過すると自動的に廃止となる。

2　届出人に住民異動届の必要項目を記入してもらい,職員記載欄は職員が記載する。

3　転出証明書又はそれに準ずる証明書と,住民異動届の内容に違いがないか確認する。

　　未届転入の場合は最終住民登録地を本籍地の戸籍の附票で確認する。また,前住所（未届出地）に住民登録が可能か確認する。

※フリガナの記載漏れに注意。市区町村によっては外国人の本名・通称名についてはフリガナを付けて,アルファベット氏名の場合は不要としているところがある。

　　法律には記載がないが,国保・後期高齢者医療制度等の基幹システムの共通基盤システムで住民基本台帳データのフリガナを利用することから,市民課でアルファベット氏名もフリガナを付けることが望ましい。

4　転入届と同時又は転入届の前に戸籍届を行うケースでは,転出証明書が戸籍届出前の情報になっている。戸籍届出の確認（受理証明書等を添付してもらうこともある。）をした後に,「○月○日○○市役所で婚姻届出済,氏名・本籍・筆頭者は届書正当」と記載する。

※氏名・本籍等が変わる履歴を住民基本台帳に載せたいという場合には,修正届を別途提出してもらい,住民基本台帳に入力記載する。

5　転出証明書の交付日から概ね 3 カ月以上経過している場合は,本籍地市区町村で戸籍の附票の最終住所を確認する。

　　転出証明書が再交付されている場合も,本籍地市区町村で戸籍の附票の最終住所を確認する。

6　マイナンバーカードに裏書を行うとともに IC チップへ変更入力を行う。

　　マイナンバーカードを持参していない場合は後日持参するよう伝える。
　　IC チップの継続利用は 90 日を超えると廃止になる。

7　住民記録システムに転入入力を行い,就学通知書等の書類を出力する。

8　公立学校に通う小・中学生の子供がいる世帯には就学通知書を交付する。

海外からの転入届	**1　届出人への聞き取りをする。** （1）パスポート,戸籍謄抄本,戸籍の附票はお持ちですか? 　- 海外からの転入の場合,パスポートを持参しないと転入届はできない。 　- 本籍地が当該市区町村である場合は,戸籍情報システム端末機により戸籍謄抄本

で氏名・生年月日等，戸籍の附票で最終住所地を確認する。

　(2)　**○○市区町村に住み始めたのはいつからですか？**
　　・住み始めてからの届出になり，異動日前の届出はできない（届出日と異動日が同日の場合は可）。
　　・異動日から6カ月を経過している場合は，その日から○○市区町村に住んでいるということが証明できるもの（賃貸又は売買契約書の写し，家賃の領収書，郵便物等）を添付させる。
　　・海外からの転入の場合は，いったん他都市に住んでいた場合もあるので，海外から直接○○市区町村に戻ってきたか聞き取りをする。
　　・入国日と異動日に違いがある場合は，その理由を届書の確認欄に記載してもらう。
　　・世帯員として一部転入する場合は，世帯主の住定日より前にならないよう確認する。
　　・届出人の証明書又は口頭質問による本人確認を行う。

2　届出人に住民異動届の必要項目を記入してもらい，職員記載欄は職員が記載する。
　同一世帯に外国人がいる場合は入国の扱いとなるため，別途届書を記入してもらう。

3　添付書類を確認する。
　(1)　**パスポートの本人情報ページ，入国スタンプのページのコピー**
　　自動化ゲート利用者は入国スタンプが押印されないので，「自動化ゲート利用希望者登録済み」のスタンプを確認し，入国時の搭乗券の半券を持参していればコピーを行う。なければ，確認欄に入国日と経緯を記載する。

　(2)　**戸籍謄抄本で本籍・筆頭者・氏名等が届書と相違ないか確認する。**

　(3)　**戸籍の附票により，国外転出日，最終住民登録地・住定日を確認する（住民票コード・個人番号の附番状況の確認のため）。**

4　届書の内容と添付書類に相違がないか確認する。
　相違がある場合には，届書に正確な情報を記載してもらい，確認欄に「○○については届書正当」と職員が記載する。
　※フリガナについては転入届と同じ。

5　マイナンバーカードに裏書を行うとともにICチップへ変更入力を行う。
　マイナンバーカードを持参していない場合は後日持参するよう伝える。
　ICチップの継続利用は90日を超えると廃止になる。

6　住民記録システムに転入入力を行い，就学通知書等の書類を出力する。

7　公立学校に通う小・中学生の子供がいる世帯には就学通知書を交付する。

| 転居届 | ## 1　届出人への聞き取りをする。
　(1)　**○○市区町村内で転居したのはいつからですか？**
　　・住み始めてからの届出になり，転居前の届出はできない（届出日と異動日が同日の場合は可）。
　　・異動日から14日以内の届出義務があるため，14日を経過した場合は，簡易裁判所へ通知するための住民基本台帳届出期間経過通知書（住民基本台帳法第52条第2項）の記入を説明する。 |

	・異動日から6カ月を経過している場合は，その日から○○市区町村に住んでいるということが証明できるもの（賃貸又は売買契約書の写し，家賃の領収書，郵便物等）を添付させる。 ・世帯員として一部転居する場合は，世帯主の住定日より前にならないよう確認する。 ・届出人の証明書又は口頭質問による本人確認を行う。 (2)　**マイナンバーカード又は住民基本台帳カードはお持ちですか？** 　　持っている場合，別途申請書を記載してもらう。 　　新住所を裏書する。 2　届出人に住民異動届の必要項目を記入してもらい，職員記載欄は職員が記載する。ただし，世帯主を含む一部の転居のときは世帯主変更届も出してもらう。 3　マイナンバーカードに裏書を行うとともにICチップへ変更入力を行う。 　　マイナンバーカードを持参していない場合は後日持参するよう伝える。 4　住民記録システムに転居入力を行い，就学通知書等の書類を出力する。 5　公立学校に通う小・中学校の子供がいる世帯には就学通知書と転学通知書を交付する。
転出届	1　届出人への聞き取りをする。 (1)　**転出日（又は転出予定日）はいつですか？** 　　転出の場合，予定で届出をすることができるが，あまり早い時期に届出をすると転出証明書を紛失することもあるので，約2週間以内を目安に届出してもらう。 (2)　**マイナンバーカード又は住民基本台帳カードをお持ちですか？** 　　カードの有無を確認して，あれば特例転出手続きを進める。それ以外は転出証明書の交付手続きをする。 　　・届出人の証明書又は口頭質問による本人確認を行う。 2　届出人に住民異動届の必要項目を記入してもらい，職員記載欄は職員が記載する。ただし，世帯主を含む一部の転出の時は世帯主変更届も出してもらう。 　　予定転出で転出先の住所が市区町村名までしか分からない場合は，そのまま受理してよい。確定転出のときは，転出先の住所の地番までを正確に記載してもらう。 3　住民記録システムに転出入力を行い，転出証明書は交付し，転入届に添付するよう説明する。 ※特例転出届の場合 　　マイナンバーカード又は住基カードを持参して特例転出届を提出することができる。この場合は転出証明書の交付は行わない。 　　転入手続の際は，マイナンバーカード又は住基カードが必須であることを説明する。 4　公立学校に通う小・中学生の子がいる世帯には，転学通知書を交付する。

❷住民異動届

〈委託業者と職員が受付した場合〉

| 転入届 | （委託業者）
1　届出人に聞き取りをする。
　(1)　**転出証明書はお持ちですか？**
　　• 他市区町村からの転入では，前住所地で交付した転出証明書を添付しないと転入届ができない。
　　• 特例転出届（付記転出届）を前住所地で行った場合は，転出証明書の代わりにマイナンバーカードを持参して届出ができる。
　　• 未届転入届の場合は，最後に住民登録をしていた住所地の転出証明書又は準ずる証明書の添付が必要になる。
　　• 届出人の証明書による本人確認を行う。

　(2)　**○○市区町村に住み始めたのはいつからですか？**
　　• 住み始めてからの届出になり，異動日前の届出はできない（届出日と異動日が同日の場合は可）。
　　• 異動日から14日以内の届出義務があるため，14日を経過した場合は，簡易裁判所へ通知するための住民基本台帳届出期間経過通知書（住民基本台帳法第52条第2項）の記入を説明する。説明は職員が行う。
　　• 異動日から6カ月を経過している場合は，その日から○○市区町村に住んでいるということが証明できるもの（賃貸又は売買契約書の写し，家賃の領収書，郵便物等）を添付させる。
　　• 世帯員として一部転入する場合は，世帯主の住定日より前ならないよう確認する。

　(3)　**マイナンバーカードはお持ちですか？**
　　• 持っている場合は，住所異動後も利用できることを説明する。別途，申請書を書いてもらい，継続利用処理を行う。
　　• 裏書を行う。
　　• 即日でカード継続利用処理をするためには，
　　　①　異動日より14日以内の届出であること。
　　　②　転出予定日から30日以内に転入届手続をしていること。
　　　③　前住所地で特例転出届（付記転出届）をしていること。
　　　④　申請者は本人又は本人の同一世帯員であること。
　　　⑤　カードの暗証番号が分かっていること。
　　　　継続利用処理をするためには入力後時間がかかる。任意代理人が手続きを行う場合には，文書での照会が必要となるため即日処理ができない。
　　• 紙の転出証明書しか持参していない場合は，即日の処理はできない。
　　• 後日，カードの継続利用処理をする場合は転入届出日から90日以内に継続利用の手続きをするように届出者に伝える。なお，90日を経過すると自動的に廃止となる。

2　届出人に住民異動届の必要項目を記入してもらう。

3　転出証明書又は準ずる証明書と，住民異動届書の内容に違いがないか確認する。
　　未届転入の場合は最終住民登録地を本籍地の戸籍の附票で確認する。また，前住所（未届出地）に住民登録が可能か確認する。
　※フリガナの記載漏れに注意。市区町村によっては外国人の本名・通称名についてはフリガナを付けて，アルファベット氏名の場合は不要としているところがある。
　　法律には記載がないが，国保・後期高齢者医療制度等の基幹システムの共通基盤システムで住民基本台帳データのフリガナを利用することから，市民課でアルファベット氏名もフリガナを付けることが望ましい。 |

❷
住民異動届

4　転入届と同時又は転入届の前に戸籍届を行うケースでは，転出証明書が戸籍届出前の情報になっている。戸籍届出の確認（受理証明書等を添付してもらうこともある。）をした後に，「○月○日○○市役所で婚姻届出済，氏名・本籍・筆頭者は届書正当」と記載する。

※氏名・本籍等が変わる履歴を住民基本台帳に載せたいという場合には，修正届を別途提出してもらい，住民基本台帳に入力記載する。

5　転出証明書の交付日から概ね3カ月以上経過している場合は，本籍地市区町村で戸籍の附票の最終住所を確認する。

転出証明書が再交付されている場合も，本籍地市区町村で戸籍の附票の最終住所を確認する。

6　職員の受理決定等

• 職員は委託業者から転出証明書，転入届（住民異動届）等を引き継ぎ，適正かどうかを判断し受理決定をする。
• 届出人の本人確認で証明書を持参していない場合は職員が口頭質問をして確認を行う。
• 受理決定を行った後に委託業者に転出証明書，住民異動届等を引き継ぐ。

7　委託業者は住民記録システムで転入届（住民異動届）の仮入力を行う。

8　職員は転入届（住民異動届）の仮入力の承認を行う。

マイナンバーカードの裏書及びICチップの変更入力（統合端末）を行う。

9　公立学校に通う小・中学生の子供がいる世帯には委託業者は住民記録システムから就学通知書を出力し，交付する。

| 海外からの転入届 | （委託業者）
1　届出人への聞き取りをする。
（1）パスポート，戸籍謄抄本，戸籍の附票はお持ちですか？
• 海外からの転入の場合，パスポートを持参しないと転入届はできない。
• 本籍地が当該市区町村である場合は，戸籍情報システム端末機により戸籍謄抄本で氏名・生年月日等，戸籍の附票で最終住所地を確認する。
• パスポートで本人確認をする。

（2）○○市区町村に住み始めたのはいつからですか？
• 住み始めてからの届出になり，異動日前の届出はできない（届出日と異動日が同日の場合は可）。
• 異動日から6カ月を経過している場合は，その日から○○市区町村に住んでいるということが証明できるもの（賃貸又は売買契約書の写し，家賃の領収書，郵便物等）を添付させる。
• 海外からの転入の場合は，いったん他都市に住んでいた場合もあるので，海外から直接○○市区町村に戻ってきたか聞き取りをする。
• 入国日と異動日に違いがある場合は，その理由を届書の確認欄に記載してもらう。
• 世帯員として一部転入する場合は，世帯主の住定日より前にならないよう確認する。

2　届出人に住民異動届の必要項目を記入してもらい，職員記載欄は職員が記載する。
同一世帯に外国人がいる場合は入国の扱いとなるため，別途届書を記入してもらう。

3　添付書類を確認する。 |

　(1)　パスポートの本人情報ページ，入国スタンプのページのコピー

　　　自動化ゲート利用者は入国スタンプが押印されないので，「自動化ゲート利用希望者登録済み」のスタンプを確認し，入国時の搭乗券の半券を持参していればコピーを行う。なければ，確認欄に入国日と経緯を記載する。

　(2)　戸籍謄抄本で本籍・筆頭者・氏名等が届書と相違ないか確認する。

　(3)　戸籍の附票により，国外転出日，最終住民登録地・住定日を確認する（住民票コード・個人番号の附番状況の確認のため。）。

4　届書の内容と添付書類に相違がないか確認する。

　相違がある場合には，届書に正確な情報を記載してもらい，確認欄に「○○については届書正当」と職員が記載する。
　※フリガナについては転入届と同じ。

5　職員の受理決定等
　• 職員は委託業者から住民異動届等を引き継ぎ，適正かどうかを判断し受理決定をする。
　• 受理決定を行った後に委託業者に住民異動届等を引き継ぐ。

6　委託業者は住民記録システムで転入届（住民異動届）の仮入力を行う。

7　職員は転入届（住民異動届）の仮入力の承認を行う。
　マイナンバーカードの裏書及び IC チップの変更入力（統合端末）を行う。

8　公立学校に通う小・中学生の子供がいる世帯には委託業者は住民記録システムから就学通知書を出力し，交付する。

転居届	（委託業者） 1　届出人への聞き取りをする。 　(1)　○○市区町村内で転居したのはいつからですか？ 　　• 住み始めてからの届出になり，転居前の届出はできない（届出日と異動日が同日の場合は可）。 　　• 異動日から 14 日以内の届出義務があるため，14 日を経過した場合は，簡易裁判所へ通知するための住民基本台帳届出期間経過通知書（住民基本台帳法第 52 条第 2 項）の記入を説明する。説明は職員が行う。 　　• 異動日から 6 カ月を経過している場合は，その日から○○市区町村に住んでいるということが証明できるもの（賃貸又は売買契約書の写し，家賃の領収書，郵便物等）を添付させる。 　　• 世帯員として一部転居する場合は，世帯主の住定日より前ならないよう確認する。 　　• 届出人の証明書による本人確認を行う。 　(2)　マイナンバーカード又は住民基本台帳カードはお持ちですか？ 　　　持っている場合，別途申請書を記載してもらう。 2　届出人に住民異動届の必要項目を記入してもらう。ただし，世帯主を含む一部の転居の時は世帯主変更届も出してもらう。 3　職員の受理決定等 　• 職員は委託業者から転居届（住民異動届）を引き継ぎ，適正かどうかを判断し受理決定をする。 　• 届出人の本人確認で証明書を持参していない場合は職員が口頭質問をして確認を行う。

	・受理決定を行った後に委託業者に転居届（住民異動届）を引き継ぐ。 4　委託業者は住民記録システムで転居届（住民異動届）の仮入力を行う。 5　職員は転居届（住民異動届）の仮入力の承認を行う。 　マイナンバーカードの裏書及び IC チップの変更入力（統合端末）を行う。 6　公立学校に通う小・中学生の子供がいる世帯には委託業者は住民記録 　システムから就学通知書と転学通知書を出力し，交付する。
転出届	（委託業者） 1　届出人への聞き取りをする。 ⑴　転出日（又は転出予定日）はいつですか？ 　　転出の場合，予定で届出をすることができるが，あまり早い時期に届出をすると 　転出証明書を紛失することもあるので，約2週間以内を目安に届出してもらう。 ⑵　マイナンバーカード又は住民基本台帳カードをお持ちですか？ 　　カードの有無を確認して，あれば特例転出手続きを進める。それ以外は転出証明 　書の交付手続きをする。 　・届出人の証明書による本人確認を行う。 2　届出人に住民異動届の必要項目を記入してもらい，職員記載欄は職員 　が記載する。ただし，世帯主を含む一部の転出の時は世帯主変更届も出 　してもらう。 　　予定転出で転出先の住所が，市区町村名までしか分からない場合は，そのまま受理 　してよい。確定転出のときは，転出先の住所の地番までを正確に記載してもらう。 3　職員の受理決定等 　・職員は委託業者から転出届（住民異動届）を引き継ぎ，適正かどうかを判断し受理 　　決定をする。 　・届出人の本人確認で証明書を持参していない場合は職員が口頭質問をして確認を行 　　う。 　・受理決定を行った後に委託業者に転出届（住民異動届）を引き継ぐ。 4　委託業者は住民記録システムで転出届（住民異動届）の仮入力を行う。 5　職員は転出届（住民異動届）の仮入力の承認を行う。 6　委託業者は転出証明書を出力し，交付する。 　転入届を提出する際に転出証明書を添付するよう説明する。 　※特例転出届の場合 　　マイナンバーカード又は住基カードを持参して特例転出届を提出することができ 　る。この場合は転出証明書の交付は行わない。 　　転入手続きの場合はマイナンバーカード又は住基カードが必須であることを説明 　する。 7　公立学校に通う小・中学生の子がいる世帯には，委託業者は転学通知 　書を出力し，交付する。

❷ 住民異動届

※住民異動届の例です（住民異動届の様式は各市区町村により異なっています）。

住民異動届（兼申出書）

◎虚偽の届出及び届出義務を怠った場合、5万円以下の過料に処されることがあります。

＊自署の場合は押印不要

◎大枠の中をボールペンで強く書いてください。

届出日	令和　　．　．
異動日	令和　　．　．

住所	新	□市内
	旧	□市内
本籍		□市内

届出人　氏名　（印）
連絡先（電話番号　　）　　－

届出人	本人・世帯主・同一世帯員（　　　　　）
	代理人　□委任状
届出資格	住所　　　番地　番　号

異動事由：転入・普46・再転入・47特設／転出・普・特／転居・権記載／回復・権取消／職権消除／世帯分離／世帯合併／世帯変更／主変更／免・旅・在留・特永・特／その他・修正／通知（通知日：　／　）

異動区分：全部→全部／一部→全部／全部→一部／一部→一部／保・個・住B／□届出日に同じ

方書（アパート名など）

国籍（外国籍の方）

本人確認

	氏名（フリガナ）	生年月日	性別	世帯主からの続柄	個人番号カード	在留カード等	本人通知	印鑑登録	国民年金	国保後期	福祉医療	介護保険	児童手当
1		大・昭・平・令・西暦　．　．	男／女		有／無	変更・返納／券面・有／無	券面・有／無	有／無	有／無	有／無	退／被扶・有／無	有／無	有／無	有／無
2		大・昭・平・令・西暦　．　．	男／女		有／無	変更・返納／券面・有／無	券面・有／無	有／無	有／無	有／無	退／被扶・有／無	有／無	有／無	有／無
3		大・昭・平・令・西暦　．　．	男／女		有／無	変更・返納／券面・有／無	券面・有／無	有／無	有／無	有／無	退／被扶・有／無	有／無	有／無	有／無
4		大・昭・平・令・西暦　．　．	男／女		有／無	変更・返納／券面・有／無	券面・有／無	有／無	有／無	有／無	退／被扶・有／無	有／無	有／無	有／無
5		大・昭・平・令・西暦　．　．	男／女		有／無	変更・返納／券面・有／無	券面・有／無	有／無	有／無	有／無	退／被扶・有／無	有／無	有／無	有／無

〈印鑑登録に関する手続き〉
□印鑑登録証の返却（1・2・3・4・5）

〈備考〉

事務処理欄

受付	入力	照合	本籍地
支所			

□異動日確認済
□住所地番確認済
□異動者の続柄確認済
□同一戸籍あり／異動あり
□必要記載事項は添付資料のとおり
□届出期間経過通知（通知日：　／　）
□その他

□届出期間経過理由

③　外国人の住民異動届

住民異動届の対象となる外国人は，当該市区町村に住所を有する①中長期在留者，②特別永住者，③一時庇護許可者又は仮滞在許可者，④出生による経過滞在者又は国籍喪失による経過滞在者になります。

1　住民基本台帳制度が適用される外国人

日本の国籍を有しない者のうち下記の表の左欄に掲げるものであって市区町村の区域内に住所を有するものが対象者となります（住民基本台帳法第30条の45）。

1　中長期在留者 （在留カード交付対象者）	我が国に在留資格をもって在留する外国人であって，3月以下の在留期間が決定された者や短期滞在・外交・公用の在留資格が決定された者等以外の者。改正後の入管法の規定に基づき，上陸許可等在留に係る許可に伴い在留カードが交付されます。
2　特別永住者	入管特例法により定められている特別永住者。 改正後の入管特例法の規定に基づき，特別永住者証明書が交付されます。
3　一時庇護許可者又は仮滞在許可者	入管法の規定により，船舶等に乗っている外国人が難民の可能性がある場合などの要件を満たすときに一時庇護のための上陸の許可を受けた者（一時庇護許可者）や，不法滞在者が難民認定申請を行い，一定の要件を満たすときに仮に我が国に滞在することを許可された者（仮滞在許可者）。 当該許可に際して，一時庇護許可書又は仮滞在許可書が交付されます。
4　出生による経過滞在者又は国籍喪失による経過滞在者	出生又は日本国籍の喪失により我が国に在留することとなった外国人。 入管法の規定により，当該事由が生じた日から60日に限り，在留資格を有することなく在留することができます。

2　住民基本台帳制度が適用される外国人の住民異動届の説明

日本人の住民異動届と同様の手続きに加え，入国届及び中長期在留者等になった場合の届が追加されます。

※　市区町村によっては全ての届で在留カードを確認する場合もあります。

	届出の種類	説明	必要書類等	住民基本台帳法
転入届	転入届	他の市区町村から住所を移してきた届	・転出証明書（転出証明書に準ずる証明書でも可） ・マイナンバーカード又は住基カード ・パスポート ・在留カード	第22条
	※入国届	外国籍の者が国外から移住してきた届	・パスポート ・在留カード（未交付の場合は「上	

			陸許可」シールと「在留カード後日交付」の印が付いたパスポート • 世帯主との続柄が確認できる書類	
	※中長期在留者等になった場合の届	当該市区町村に居住している外国籍の者が新たに中長期在留者等になった場合に住民登録をする場合の届	• 在留カード（持参していない場合は届出ができない） • 世帯主との続柄が確認できる書類	第 30 条の 46
転居届	転居届	当該市区町村内で住所を異動した場合の届	異動日から6カ月を過ぎている時は，居住年月日が確認できる書類	第 23 条
転出届	転出届（確定）	当該市区町村外に住所を移した届	転出先の住所が必要	第 24 条
	転出届（予定）	当該市区町村外に住所を移す届（転出届出日より異動日が後（同日を含む））	転出先の住所が必要	第 24 条
	国外転出届	国外に転出する届 ※国外での移住がおおむね1年以上にわたる場合は届出が必要	転出先の住所が必要（転出先は国名でもよい）	第 24 条
	特例転出届（付記転出届）	紙の転出証明書の代わりに，マイナンバーカードで転入手続きが可能になる転出届	マイナンバーカード	第 24 条の 2
世帯主変更等の届	世帯主変更届	世帯の異動を伴わず，世帯主を変更する届		第 25 条
	世帯合併届	一つの世帯が他の世帯に入る届（住所の異動は伴わない。）		第 25 条
	世帯分離届	既存の世帯を分離する届（住所の異動は伴わない。）		第 25 条
	世帯変更届	同一住所に複数世帯があった場合に，その属する世帯員が他の世帯に入る届（住所の異動は伴わない。）		第 25 条

3　入国届，中長期在留者等になった場合の届の手順例

入国届	**1　届出人への聞き取りをする。**

1　届出人への聞き取りをする。

⑴　**パスポート，特別永住者証明書又は在留カードはお持ちですか？**
- 入国の場合，氏名の確認等にパスポートを持参してもらう。
- 在留カードが後日交付の場合は，パスポートにその旨が記載されているか確認する。

⑵　**○○市区町村に住み始めたのはいつからですか？**
- 住み始めてからの届出になり，異動日前の届出はできない（届出日と異動日が同日の場合は可）。
- 異動日から14日以内の届出義務があるため，14日を経過した場合は，簡易裁判所へ通知するための住民基本台帳届出期間経過通知書（住民基本台帳法第52条第2項）の記入を説明する。
- 異動日から6カ月を経過している場合は，その日から○○市区町村に住んでいるということが証明できるもの（賃貸又は売買契約書の写し，家賃の領収書，郵便物等）を添付させる。
- 入国日と異動日に違いがある場合は，その理由を届書の確認欄に記載してもらう。
- 世帯員として一部転入する場合は，世帯主の住定日より前にならないよう確認する。
- 再入国の場合は，最終住民登録地といつ住んでいたかを聞き取り，届書確認欄に記載する。可能であれば，最終住民登録時の入国許可年月日等を確認できるビザのページのコピーを添付する。

2　届出人に住民異動届の必要項目を記入してもらい，職員記載欄は職員が記載する。

同一世帯に日本人の異動者がいる場合は，パスポート転入の扱いとなるため，別途届書を記入してもらう。

3　添付書類を確認する。

⑴　**パスポートの本人情報ページ，入国スタンプのページのコピー**
自動化ゲート利用者は入国スタンプが押印されないので，「自動化ゲート利用希望者登録済み」のスタンプを確認し，入国時の搭乗券の半券を持参していればコピーを行う。なければ，確認欄に入国日と経緯を記載する。

⑵　**特別永住者証明書又は在留カード**
在留カードが後日交付の場合は，その旨が記載されたパスポートのページのコピー
※パスポートに「住居時届出済」の印を押して返却する。

⑶　**続柄を証する文書（原本）**
受理証明書や戸籍記載事項等証明書等をいいます。外国語の場合は翻訳してもらう。ない場合は，後日持参してもらい，相違がある場合は続柄修正の届出をしてもらう。

4　届書の内容と添付書類に相違がないか確認する。

相違がある場合には，届書に正確な情報を記載してもらい，確認欄に「○○については届書正当」と職員が記載する。
※フリガナについては転入届と同じ（127頁参照）。

5　公立学校に通う小・中学生の子供がいる世帯には就学通知書を交付する。

❸　外国人の住民異動届

中長期在留者等になった場合の届	**1　届出人への聞き取りをする。** （1）パスポート，在留カードはお持ちですか？ 　・氏名の確認等にパスポートを持参してもらう。 **2　届出人に住民異動届の必要項目を記入してもらい，職員記載欄は職員が記載する。** **3　添付書類を確認する。** （1）パスポートの本人情報ページ，「短期滞在」のビザがキャンセルになっているページ，新しい在留許可がわかるビザのページのコピー （2）在留カード （3）続柄を証する文書（原本） 　　受理証明書や戸籍記載事項等証明書等をいう。外国語の場合は翻訳してもらう。 　　ない場合は，後日持参してもらい，相違がある場合は続柄修正の届出をしてもらう。 **4　届書の内容と添付書類に相違がないか確認する。** 　　相違がある場合には，届書に正確な情報を記載してもらい，確認欄に「○○については届書正当」と職員が記載する。 　　※フリガナについては転入届と同じ（127頁参照）。 **5　公立学校に通う小・中学生の子供がいる世帯には就学通知書を交付する。**

❹ マイナンバーカードの申請方法と受け取り

　マイナンバーカードはマイナンバー（個人番号）が記載された顔写真付のカードです。

　マイナンバーカードは，プラスチック製の IC チップ付きカードで券面に氏名，住所，生年月日，性別，マイナンバー（個人番号）と本人の顔写真等が表示されます。

　本人確認のための身分証明書として利用できるほか，自治体サービス，e-Tax 等の電子証明書を利用した電子申請等，様々なサービスにもご利用できます。

　ここでは，マイナンバーカードの申請方法と受け取りの流れの概略について説明をしています。このため具体的な帳票の流れなどは記載しておりません。

　また，マイナンバー制度については，後記をご覧ください【191 頁～】。

　マイナンバーカードの申請方法には次の方法があります。

○市区町村窓口で申請

○スマートフォンで申請

○パソコンで申請

○郵便による申請

○まちなかの証明写真機から申請

　これらを順に説明していきます。

　　※　職域での申請方法もありますが今回は説明していません。

❹ マイナンバーカードの申請方法と受け取り

────　市区町村窓口での申請・交付流れ図（申請時来庁方式）　────

申請者	職員

申請者

申請者が持参するもの
- ●個人番号カード交付申請書
- ●顔写真
- ●通知カード（回収します。）又は個人番号通知書
- ●住民基本台帳カード（お持ちの方に限ります。）
- ●本人確認書類

（145, 147 頁）
【195 頁】

来庁して交付申請 →

職員

- ●個人番号カード交付申請書が適正に記載されているか確認
- ●写真と本人確認書類が同一人物であるか確認

（145 頁）

申請が適正か

NO ⋯⋯⋯ 不交付の通知

YES

- ●暗証番号設定依頼書の記載（申請者）
- ●通知カード，住民基本台帳カードを回収

交付前設定・暗証番号設定

申請から約1か月後に本人限定受取郵便で郵送 ←

マイナンバーカード，交付通知書を送付

交付申請書の送付

J-LIS

地方公共団体情報システム機構
（個人番号カード交付申請書受付センター）

マイナンバーカード等作成

── スマートフォンでの申請・交付流れ図（交付時来庁方式）──

申請者		J-LIS

申請者

①スマートフォンでの申請
- ●メールアドレスの登録（交付通知書のQRコードを読み取り，申請用WEBサイトにアクセス）
- ●顔写真登録
- ●申請情報登録
- ●申請完了送信

（148頁～）

J-LISのサーバーに情報を反映

J-LIS

地方公共団体情報システム機構（個人番号カード交付申請書受付センター）

マイナンバーカード等の作成

申請が完了した旨のメールが届く

各市区町村にマイナンバーカード等・交付通知証の送付

②申請者が来庁時，持参するもの
- ●交付申請書
- ●通知カード（回収します。）
- ●本人確認書類

（149頁～）
【195頁】

交付通知書の発送

マイナンバーカードを受け取りに来庁

職員

交付前設定を行う

事前来庁予約

●写真と本人確認書類と来庁者が同一人物であるか確認

（149頁）

NO ←……… 本人か YES

カード不交付

●通知カード，住民基本台帳カードを回収
●申請者がマイナンバー端末で暗証番号等の入力処理

マイナンバーカードの交付

❹ マイナンバーカードの申請方法と受け取り

パソコンでの申請・交付流れ図（交付時来庁方式）

申請者

①パソコンで申請
- 申請用 WEB サイトにアクセス
- 登録（交付通知書の申請書 ID（半角数字 23 桁）を入力し，メール連絡用氏名，メールアドレスも入力する。）
- 顔写真登録　登録されたメールアドレス宛に通知される申請者専用 WEB サイトにアクセスし，デジタルカメラで撮影した顔写真を登録
- 申請情報登録
- 申請完了送信
  （151 頁）

②申請者が来庁，持参するもの
- 交付申請書
- 通知カード（回収します。）
- 住民基本台帳カード（お持ちの方に限ります。）
- 本人確認書類
  （145, 147 頁）
  【195 頁】

J-LIS

地方公共団体情報システム機構（個人番号カード交付申請書受付センター）

マイナンバーカード等の作成

J-LIS のサーバーに情報を反映

申請が完了した旨のメールが届く

各市区町村にマイナンバーカード・交付通知書を送付

職員

交付前設定を行う

交付通知書の発送

事前来庁予約

マイナンバーカードを受け取りに来庁

- 写真と本人確認書類と来庁者が同一人物であるか確認
  （152, 149 頁〜）

本人か

NO

カード不交付

YES

- 通知カード，住民基本台帳カードを回収
- **申請者**がマイナンバー端末で暗証番号等の入力処理

マイナンバーカードの交付

郵便での申請・交付流れ図（交付時来庁方式）

申請者

①郵便で申請
- 個人番号カード交付申請書に記入
- 顔写真を貼付
- 「署名用電子証明書」，「利用者証明用電子証明書」発行有無の記入
- 15才未満，成年被後見人が申請を行う場合は，法定代理人が「代理人記載欄」に氏名等を記入
（152頁）

②申請者が来庁，持参するもの
- 交付通知書
- 通知カード（回収します。）
- 住民基本台帳カード（お持ちの方に限ります。）
- 本人確認書類
（145,147頁）【195頁】

J-LIS

J-LISに返信用封筒で郵送 →

地方公共団体情報システム機構（個人番号カード交付申請書受付センター）

マイナンバーカード等の作成

各市区町村にマイナンバーカード等・交付通知書を送付

職員

交付通知書の発送

交付前設定を行う

事前来庁予約

- 写真と本人確認書類と来庁者が同一人物であるか確認
（152，149頁〜）

マイナンバーカードを受け取りに来庁

本人か　NO / YES

カード不交付

- 通知カード，住民基本台帳カードを回収
- **申請者**がマイナンバー端末で暗証番号等の入力処理

マイナンバーカードの交付

❹ マイナンバーカードの申請方法と受け取り

────── **まちなかの証明写真機での申請・交付図（交付時来庁方式）** ──────

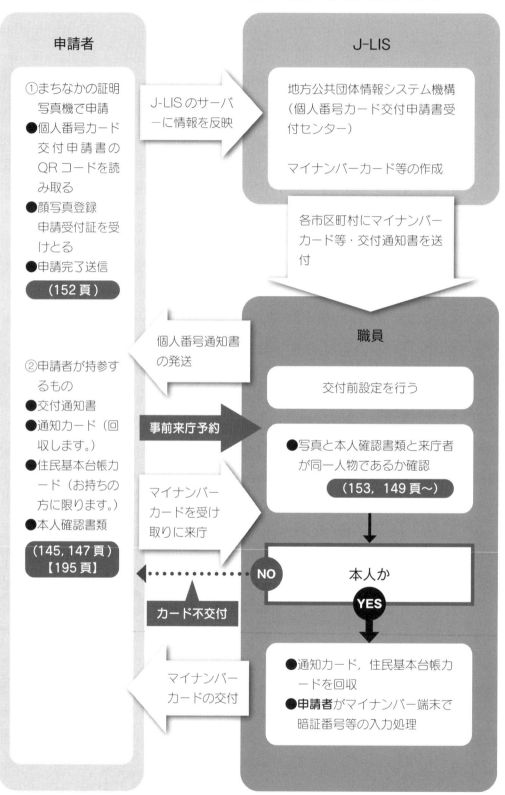

1　マイナンバーカードの申請と受け取りの根拠法令・端末機等

項目	説明
主な根拠法令	マイナンバー法
操作する端末機	マイナンバー端末機（統合端末）
DV被害者等への支援措置	マイナンバー制度の導入に伴い，住民票記載の住所へ通知カードが送付されます。DV（配偶者暴力）等の被害者で，通知カードが送付されることで，新たな被害が発生する可能性がある場合は，申出をすることにより送付先を変更することが可能になります。
マイナンバー制度と個人番号カード	個人番号の住民票の写しへの記載 マイナンバーカードの電子証明書（利用者証明用の電子証明書）を活用したコンビニ交付サービス
事前登録型本人通知制度	事前登録型本人通知制度の対象外
窓口業務の一部委託	マイナンバーカード交付の補助業務は窓口業務の一部委託が可能ですが，交付決定やマイナンバー端末機（総合端末機）の操作は職員しか行えないため，具体的には，窓口・申請の案内，キャビネットからマイナンバーカードの検索，コピー，交付通知書の郵送処理など細部のものになります。
個人情報保護対策	マイナンバー法，個人情報の保護に関する法律等により個人情報保護が担保されています。

2　市区町村窓口での申請・交付の説明（申請時来庁方式）

住所地の市区町村のマイナンバーカード窓口でマイナンバーカード申請をします。後日，本人限定郵便でマイナンバーカードを申請者の自宅に送ります。

(1)　申請者が持参するもの

○顔写真（たて4.5cm，よこ3.5cm，無帽，無背景，6か月以内に撮影）

○通知カード（回収します。）

○マイナンバーカード交付申請書

○住民基本台帳カード（お持ちの方に限ります。）

○本人確認書類

本人確認書類の組み合わせとしては，次のとおりです。

　　Aの書類2点（運転免許証とパスポート）

　　Aの書類1点（運転免許証）とBの書類1点（健康保険被保険者証）

　　Bの書類2点（健康保険被保険者証と社員証又は学生証）。通知カードを返納できる場合に限ります。

❹ マイナンバーカードの申請方法と受け取り

本人確認書類一覧	
A	運転免許証，運転経歴証明書（交付年月日が平成 24 年 4 月 1 日以降のもの），パスポート（旅券），身体障害者手帳，精神障害者保健福祉手帳，療育手帳，在留カード，特別永住者証明書，一時庇護許可書，仮滞在許可書
B	海技免状，電気工事士免状，無線従事者免許証，動力車操縦者運転免許証，運航管理者技能検定合格証明書，猟銃・空気銃所持許可証，特種電気工事資格者認定証，認定電気工事従事者認定証，耐空検査員の証，航空従事者技能証明書，宅地建物取引士証，船員手帳，戦傷病者手帳，教習資格認定証，検定合格証，官公署の職員証，地方公共団体が交付する生活保護被保護証明，健康保険被保険者証，介護保険被保険者証，医療受給者証，各種年金証書，児童扶養手当証書，特別児童扶養手当証書，住民名義の預金通帳，民間企業の社員証，学生証又は学校名が記載された各種書類等

⑵　暗証番号の決定（暗証番号設定依頼書に申請者が記載）

　窓口で本人確認とともに，暗証番号を決定していただきますので，申請者は暗証番号をあらかじめ決めておく必要があります。

暗証番号		
証明書の種類	暗証番号	使用用途
署名用電子証明書	英数字 6 文字以上，16 文字以下（英字は大文字，英字と数字を組み合わせる）	e-tax による確定申告などに使います。
利用者証明用電子証明書	数字 4 文字 同じ番号を設定することができます。	各種証明書のコンビニエンスストアでの交付などに使います。
住民基本台帳事務用		転入手続きやカードの住所・氏名等の変更手続きなどに使います。
券面事項入力補助用		マイナンバーや券面記載事項の確認などに使います。

⑶　個人番号カード交付申請書に記入

❶　個人番号カード交付申請書　兼　電子証明書発行/更新申請書

【手書用】

❷　氏名，住所等

❸　電話番号
※1　記載された個人番号に誤りがあると，個人番号カード及び電子証明書を正しく発行できませんので，誤りのないよう十分にご確認ください。
※2　氏名，住所，生年月日，性別については，住民票に記載の情報が個人番号カードと電子証明書に記載されます。
※3　あらかじめ住民票への旧氏又は通称の記載手続を行っている方は，個人番号カードと電子証明書に旧氏又は通称が記載されます。
※4　申請内容に不備がある場合は電話で連絡することがありますので，日中に連絡のつく電話番号を記入してください。
※5　氏名の点字表記をご希望の場合，□を黒く塗りつぶしてください。住民基本台帳ネットワークシステムの本人確認情報として登録されている
ふりがな（最大24文字まで，濁点等は1文字）が点字で表記されます。

❻　以上の内容に間違いのないことを確認しましたので，個人番号カードの交付及び電子証明書発行を申請します。
申請日　　年　　月　　日
❼　申請者氏名

【ご注意】を必ずご確認いただき，電子証明書の発行を受けないこととする場合は，□を黒く塗りつぶしてください。
❾　□　署名用電子証明書※
　　□　利用者証明用電子証明書
※15 歳未満の方，成年被後見人の方には原則発行されません。

【ご注意】電子証明書は，マイナポイントや健康保険証としての利用，住民票の写しなどのコンビニ交付サービス，e-Tax等の電子申請，マイナポータルへのログインなど多様なサービスの提供に必要となります。

15 歳未満の方，成年被後見人の方が申請を行う場合は，以下に代理人氏名，住所，電話番号，本人との関係を記入してください。

❿
※　申請内容に不備のある場合は電話で連絡することがありますので，日中に連絡がつく電話番号を記入してください。

出典：地方公共団体情報システム機構のマイナンバーカード総合サイト（https://www.kojinbango-card.go.jp/hpsv/wpmng/documents/tegaki-kofu-shinseisho.pdf）

各欄の説明

❶　「個人番号カード交付申請書」兼「電子証明書発行／更新申請書」

❷　氏名，住所等

　　修正箇所があれば二重線を引いたうえ，余白部分に正しい情報を記入します。

❸　電話番号

　　日中つながりやすい電話番号を記入してください。

❹　外国人住民の区分（外国人住民の方のみ）

❺　点字表記の希望の有無

❻　申請日

❼　申請者氏名

❽　顔写真貼付欄

❾　「署名用電子証明書」，「利用者証明用電子証明書」の発行有無

❿　代理人記載欄

　　15 歳未満の方，成年被後見人の方が申請を行う場合は，法定代理人の方が「代理人記載欄」に氏名等をご記入ください。

⑷　市区町村は受け付けた交付申請書を J-LIS に送付

　市区町村は再度交付申請書を点検した後に一括して J-LIS に送付します。

⑸　J-LIS から市区町村へのマイナンバーカード等の送付

　概ね 1 か月で J-LIS からマイナンバーカード，交付通知書が市区町村に送られてきます。市区町村は交付前設定，暗証番号設定を行います。

⑹　マイナンバーカードの受け取り

　市区町村は，本人限定受取郵便でマイナンバーカードを郵送します。

⑺　15 歳未満の方・成年被後見人の方が受け取る場合

○法定代理人が同行してください。

○申請者が持参するものに加えて，次の書類が必要です。

- 法定代理人の本人確認書類（Aを 2 点又はAを 1 点とBを 1 点。145 頁参照）
- 法定代理人であることの確認書類（戸籍謄本・登記事項証明書など）

　　ただし，申請者が 15 歳未満の方で，同一世帯で法定代理人であることが確認できる場合は，申請者の確認書類（145 頁参照）を省略することができます。

3 　スマートフォンでの申請・交付の説明（交付時来庁方式）

⑴　メールアドレス登録

　申請者がスマートフォンのカメラで交付申請書の QR コードを読み取り，申請用 WEB サイトにアクセスしてメールアドレスを登録します。

　入力内容は，申請書 ID（半角数字 23 桁），メール連絡用氏名，メールアドレスです。

　QR コードを読み込んだ場合，申請書 ID が入力され，変更できないようになっています。

⑵　顔写真登録

　登録されたメールアドレス宛に通知される申請者専用 WEB サイトにアクセスし，スマートフォンのカメラで撮影した顔写真を登録します。

　入力項目は，顔写真登録とその確認です。

⑶　申請情報登録

　その他申請に必要な情報を入力します。

　生年月日（必須），電子証明書の発行希望の有無，氏名の点字表記希望の有無

⑷　申請完了

　画面の案内にしたがって，必要事項を入力し送信すると，登録したメールアドレス宛に申請が完了した旨のメールが届き申請完了となります。

⑸　J-LIS から市区町村へのマイナンバーカード等の送付

　概ね 1 か月で J-LIS からマイナンバーカード，交付通知書が市区町村に送られてきます。市区町村は交付前設定を行います。

⑹　カードの受け取り（市区町村窓口）

　カード受け取りの準備ができましたら，市区町村からハガキ（個人番号カード交付通知書）が転送不要郵便で郵送されます。

　事前に予約をしたうえで，ハガキ（個人番号カード交付通知書），通知カード，本人確認書類を用意して，申請者本人が窓口でカードを受け取ります。受取場所は，住所地を管轄する市区町村になります。

　ア　本人確認書類

　　申請者本人が窓口で受けとる場合の本人確認書類の組み合わせは 145 頁参照

　イ　病気や身体の障害等のやむを得ない理由により申請者本人が窓口でカードを受け取ることができない場合

　　申請者本人が，次の理由により区役所又は支所や，マイナンバーカードセンターの窓口に来庁できない場合に限り，代理人がカードを受け取ることができます。

　（やむを得ない理由に該当する場合）

　○病気，身体の障害等により交付申請者の来庁が困難であると認められる場合

　○長期（国内外）出張者，長期に航行する船員その他交付申請者の仕事の内容や勤務場所，勤務形態の客観的状況に照らして「交付申請者の出頭が困難であると認められるとき」に該当すると市区町村長が判断する場合

　○新型コロナウイルス感染拡大を受けて外出自粛を行っている場合

　○申請者本人が未就学児であり，本人の来庁が困難である場合

❹ マイナンバーカードの申請方法と受け取り

仕事や学業が忙しい等といった場合は，やむを得ない理由に該当しません。

ウ　やむを得ない理由に該当する場合のカード受取に必要なもの

○申請者本人宛てに郵送されたハガキ（個人番号カード交付通知書）

○委任状（ハガキ（個人番号カード交付通知書）の委任状欄に記入していただいても差し支えありません。）

○やむを得ない理由に該当することを証明する書類（診断書，本人の障害者手帳，施設に入所している事実を証明する書類，会社からの長期出張していること・長期に渡航していることを証明する書類など）

○申請者の通知カード（お持ちの方のみ）

○申請者の住民基本台帳カード（お持ちの方のみ）

○本人確認書類（145頁）（代理人の方が来庁する場合は，申請者本人と代理人それぞれの本人確認書類が必要になります。申請者本人の顔が確認できる本人確認書類が必要となることにご留意ください。）

　※申請者本人の確認書類　Ａを２点又はＡＢを１点ずつ又はＢを３点（顔写真付きを１点以上）

　※代理人の確認書類　Ａを２点又はＡＢを１点ずつ

エ　交付窓口で暗証番号を設定

　窓口で本人確認とともに，暗証番号を決定していただきますので，申請者は暗証番号をあらかじめ決めておく必要があります。

暗証番号		
証明書の種類	暗証番号	使用用途
署名用電子証明書	英数字6文字以上，16文字以下（英字は大文字，英字と数字を組み合わせる）	e-taxによる確定申告などに使います。
利用者証明用電子証明書	数字4文字 同じ番号を設定することができます。	各種証明書のコンビニエンスストアでの交付などに使います。
住民基本台帳事務用		転入手続きやカードの住所・氏名等の変更手続きなどに使います。
券面事項入力補助用		マイナンバーや券面記載事項の確認などに使います。

オ　窓口でマイナンバーカードを受け取る

(7)　代理人のカード受け取り

　本人が病気，身体の障害その他のやむを得ない場合により，交付場所に出向くことが難しい場合に限り，代理人にカードの受け取りを委任できます。

（代理人が持参する書類）

○申請者本人の確認書類（145頁）

　本人確認書類Ａを２点又は，本人確認書類ＡＢをそれぞれ１点ずつ，又は，本人確

認書類Ｂを３点（うち写真付きを１点以上）

○代理人の本人の確認書類

本人確認書類Ａを２点又は，本人確認書類ＡＢからそれぞれ１点ずつ

○代理権者の確認書類とは

〈法定代理人の場合〉

戸籍謄本その他の資格を証明する書類（ただし，本籍地が市区町村の区域内である場合は不要）

〈その他の場合〉

委任状や保佐人及び補助人に係る登記事項証明書の代理行為目録等，交付申請者の指定の事実を確認するに足る資料

4　パソコンでの申請・交付の説明（交付時来庁方式）

(1)　メールアドレス登録

申請用 WEB サイトにアクセスして，申請者が交付申請書に記載の申請書 ID（半角数字 23 桁），メール連絡用氏名，メールアドレスを入力します。

(2)　顔写真登録

登録されたメールアドレス宛に通知される申請者専用 WEB サイトにアクセスし，デジタルカメラで撮影した顔写真を登録します。

入力項目は，顔写真登録，顔写真登録確認です。

(3)　申請情報登録

その他申請に必要な情報を入力します。

生年月日，電子証明書の発行希望の有無，氏名の点字表記希望の有無

(4)　申請完了

画面の案内にしたがって，必要事項を入力し送信すると，登録したメールアドレス宛に申請が完了した旨のメールが届き申請完了となります。

(5)　J-LIS から市区町村へのマイナンバーカード等の送付

概ね１か月で J-LIS からマイナンバーカード，交付通知書が市区町村に送られてきます。市区町村は交付前設定を行います。

(6)　カードの受け取り（市区町村窓口）

カード受け取りの準備ができましたら，市区町村からハガキ（個人番号カード交付通

知書）が転送不要の郵便で郵送されます。

　事前に予約をしたうえで，ハガキ（個人番号カード交付通知書），通知カード，本人確認書類を用意して，申請者本人が窓口でカードを受け取ります。受取場所は，住所地を管轄する市区町村になります。

　その後の交付手続きは，スマートフォンでの申請と同じです（149頁〜）。

5　郵便での申請・交付の説明（交付時来庁方式）

⑴　個人番号カード交付申請書に記入

　個人番号カード交付申請書の記入内容は市区町村窓口での申請（147頁〜）を参照してください。

⑵　顔写真を貼付

　たて4.5cm，よこ3.5cm，無帽，無背景，6か月以内に撮影した顔写真を貼付します。

⑶　個人番号カード交付申請書の送付

　個人番号カード交付申請書受付センターに送付してください。

⑷　J-LIS から市区町村へのマイナンバーカード等の送付

　概ね1か月でJ-LISからマイナンバーカード，交付通知書が市区町村に送られてきます。市区町村は交付前設定を行います。

⑸　カードの受け取り（市区町村窓口）

　カード受け取りの準備ができましたら，市区町村からハガキ（個人番号カード交付通知書）が転送不要郵便で郵送されます。

　事前に予約をしたうえで，ハガキ（個人番号カード交付通知書），通知カード，本人確認書類を用意して，申請者本人が窓口でカードを受け取ります。受取場所は，住所地を管轄する市区町村になります。

　その後の交付手続きは，スマートフォンでの申請と同じです（149頁〜）。

6　まちなかの証明写真機での申請・交付の説明（交付時来庁方式）

⑴　まちなかの証明写真機

　郵送で届いた個人番号カード交付申請書をまちなかの証明写真機のタッチパネルから「個人番号カード申請」を選択し，QRコードを読み取ります。

（ガイダンスに沿って操作／撮影するだけで申請まで全ての手続きが完了します。）

⑵　証明写真機で顔写真を撮影

　証明写真機から撮影の案内がありますので，その案内に従い身だしなみを整えて撮影します。

⑶　申請ボタンを押す

　撮影された写真の位置を調整し，画面で内容を確認のうえ，申請ボタンを選択して申請します。

⑷　J-LIS から市区町村へのマイナンバーカード等の送付

　概ね1か月でJ-LISからマイナンバーカード，交付通知書が市区町村に送られてきます。市区町村は交付前設定，暗証番号設定を行います。

⑸　カードの受け取り（市区町村窓口）

　カード受け取りの準備ができましたら，市区町村からハガキ（個人番号カード交付通知書）が転送不要の郵便で郵送されます。

　事前に予約をしたうえで，ハガキ（個人番号カード交付通知書），通知カード，本人確認書類を用意して，申請者本人が窓口でカードを受け取ります。受取場所は，住所地を管轄する市区町村になります。

　その後の交付手続きは，スマートフォンでの申請と同じです（149頁〜）。

❹ マイナンバーカードの申請方法と受け取り

基礎知識 編

❶ 行政行為について

　行政行為とは，私人の権利・義務等に関する行政機関の決定のことをいいます。

　行政行為は学説上の用語です。

　市民課では，証明書交付決定（公証）や届書の受理・不受理などの行政上の法的効果を生ずる行為が行政行為に当たります。

　行政行為には，市民の自由を制限して，一定の行為をする義務を命じたり，その制限を解除するような「命令的行為」や国民が本来持っていない特殊な権利や法的地位を与えたり，奪ったりする「形成的行為」があります。

　これらは，「法律行為的行政行為」といわれています。

　一方，特定の事実又は法律関係の存在を公に証明する行為としての「公証」や届出・申請などの申出を適法（有効）なものとして受け付ける行為としての「受理」等が「準法律行為的行政行為」といわれています。

　「準法律行為的行政行為」には，他に「確認」，「通知」があるとされています。

　詳しくは，次頁の体系図を参考にしてください。

1　行政行為の体系図

行政行為
　行政庁が私人に対して公権力を行使する場合において，一方的行為としてなされる特別の行為形式

法律行為的行政行為
　行政庁に効果意思があることにより法的効果が発生する場合

命令的行為
　（国民が生まれながらに持っている自由を制限して，一定の行為をする義務を命じたり，その制限を解除したりする行為）

下命（及び禁止）
　（下命は国民に対して一定の作為の義務を命ずる行政行為，禁止は国民に対して一定の不作為を命じる行政行為）

許可
　（すでに法令によって定められている一般的禁止の義務を解除する行政行為）

免除
　（法令などにより課されている作為の義務を解除する行政行為）

形成的行為
　（国民に対して，国民が本来持っていない特殊な権利や法的地位を与えたり，奪ったりする行為）

特許（及び剥権）
　（特許は国民が本来持っていない特殊な権利などを特定の人に与える行為，特許と同じような行為として剥奪，変更もある。）

認可
　（国民の法行為を補充して，その法律上の効力を完成させる行為）

代理
　（本来，国民がなすべき行為を行政機関が代わって行い，本来，国民が行ったのと同じ効果を生じさせる行為）

準法律行為的行政行為
　効果意思は存在しないが，法律がある事実行為を捉えて，特に法的効果を与える場合

確認
　（特定の事実又は法律関係が，存在しているか否かについて公に認めて外部に表示する行為）

公証
　（特定の事実又は法律関係の存在を公に証明する行為。戸籍謄抄本で日本国籍及び親族関係の公証を，住民票で住所等の公証を，印鑑登録証明書で本人の登録印鑑を公証しています。）

通知
　（特定の事実又は行政庁の意思を，特定人又は不特定多数人に対して表示する行為）

受理
　（届出・申請などの申出を適法（有効）なものとして受け付ける行為。婚姻届の受理，住民異動届等の受理がこれに当たります。）

❶　行政行為について

2　窓口業務を行う中で，公証，受理・不受理は誰が行うのか

公証，受理・不受理などの行政行為を行う主体は，一部例外を除いて，国・公共団体に限定されると，解釈されています。

このことから，市民課窓口業務を行う中での公証，受理の行政行為を行う主体は地方公共団体である市区町村になります。

具体的には，戸籍謄抄本，住民票の写し，印鑑登録証明書等の公証（交付・不交付決定），婚姻届・離婚届等の受理・不受理，住民異動届などの受理・不受理は各市区町村等の決裁区分に従い，市民課職員が行わなければならないことになります。

つまり，窓口業務の一部委託を受託する民間事業者は，公証・受理・不受理の決定を行うことができないわけです。

3　民間事業者が行う，受付に関する業務等の位置づけ

民間事業者が行う，受付に関する業務，作成に関する業務，引渡業務，事実上の行為又は補助的業務は，職員が行政行為（公証・受理・不受理）を行うに際しての事前作業，補助作業にあたります。

一例としては，窓口で住民票の交付申請を受け付けて，書面の必要事項が記載されているかのチェックや職員への引渡し，戸籍届出の受付や添付書類の整理などが挙げられます。

② 個人情報保護対策

　市区町村の市民課窓口業務で取り扱う情報は，戸籍情報・住民基本台帳情報等の最も保護されるべき住民の個人情報です。

　この個人情報を保護するため，外部からの不正な情報収集防止対策，市区町村職員からの個人情報漏洩防止対策，委託業者からの個人情報漏洩防止対策が求められています。以下，市民課窓口業務の個人情報保護対策を説明します。

1　外部からの不正な情報収集防止対策

　外部からの戸籍情報，住民基本台帳に関する不正な個人情報の収集については次のとおり防止しています。

(1) 戸籍法
○戸籍法第135条では，不正手段により謄本の交付を受けたものに対する罰則を定めています。
○戸籍法第136条では，不正手段により届書等の閲覧・証明書の交付を受けた者に対する過料が定められています。

(2) 住民基本台帳法
○住民基本台帳法第42条〜第53条では，秘密を漏らした者等への罰則を定めています。

(3) 事前登録型本人通知制度
　事前登録型本人通知制度は，市区町村が，戸籍謄抄本・住民票の写し・戸籍の附票の写しを，代理人や第三者に交付した場合に，第三者に交付したという通知を希望する本人（事前に市区町村への登録が必要）お知らせする制度です。

　当該制度を条例，規則，要綱等で制定している市区町村では，
○不正申請及び不正取得の防止
○不正申請の抑止
○個人の権利の侵害の防止
　の効果を期待しています。

2　市区町村職員からの個人情報漏洩防止対策

(1)　地方公務員法

　地方公務員法第34条，第60条では市区町村職員の秘密を守る義務や罰則を定めて住民の個人情報の漏洩対策を行っています。

(2)　戸籍法

○戸籍法第121条では電子情報処理組織の構築及び維持管理並びに運用に係る事務に関する秘密について，保護措置を定めています。

○戸籍法第121条の2では，電子情報処理組織の構築及び維持管理並びに運用に係る事務に従事する者又は従事していた者の秘密保持義務等を定めています。

○戸籍法第132条では，秘密の漏えい・盗用に対する罰則を定めています。

○戸籍法第133条では，戸籍事務処理従事者に対する罰則を定めています。

(3)　住民基本台帳法

○住民基本台帳法第30条の26では，本人確認情報の電子計算機処理等に関する事務に従事する市区町村若しくは都道府県又は機構（J-LIS）の職員等の秘密保持義務を定めています。

○住民基本台帳法第30条の27では，本人確認情報に係る住民に関する記録の保護を定めています。

○住民基本台帳法第35条では，住民基本台帳に関する調査に関する事務に従事している者又は従事していた者の秘密を守る義務を定めています。

○住民基本台帳法第36条では，委託業者に対して住民に関する記録の保護を定めています。

○住民基本台帳法第36条の2では，住民票等に記載されている事項の安全確認等を定めています。

3　個人情報保護法，個人情報保護条例

　個人情報の保護に関する法律第5条では，「その地方公共団体の区域の特性に応じて，個人情報の適正な取扱いを確保するために必要な施策を策定し，及びこれを実施する責務を有する」と規定されています。

　このため，市区町村は，その事務の実施において，実施機関が保有する個人情報の開示，訂正及び利用停止を求める権利を明らかにすることにより，市区町村行政の適正かつ円滑な運営を図りつつ，個人の権利・利益を保護する必要があります。

　具体的には，市区町村が制定した個人情報保護条例において，個人情報の保有の制限，

個人情報の取得の制限，個人情報の正確性の確保，個人情報の安全確保の措置，従事者の責務，個人情報の利用及び提供の制限等について規定し，職員は個人情報の保護に努めています。

4　委託業者からの個人情報漏洩防止対策

　窓口業務の一部委託に関しては，戸籍法，住民基本台帳法等で情報漏洩防止が定められていますが，個人情報保護条例において受託した民間事業者及びその従業員に関する規定を追加し，罰則の対象とするなどの法規整備の実施，委託業務の内容に応じた情報の取扱いの方法等を定めた実施要領の策定，業務内容に限定した端末へのアクセス制限を実施するなどの個人情報保護に対する特段の配慮を設けています。

(1)　窓口業務の一部委託を進めるに際して個人情報保護に留意すべき事項（時系列）

　　窓口業務の一部委託の導入に係る審査及び承認手続きの実施

○窓口委託する業務の内容，委託する理由，情報の保護に関する事項等について，あらかじめセキュリティ会議の審議を経て，セキュリティ統括責任者の承認を得る（住民票技術的基準　第10—1—(3)，戸籍の附票技術的基準　第9—1—(3)）。

○特定個人情報の取扱いについて新たに委託を実施する場合には，番号法第28条に規定する特定個人情報ファイルに係る重要な変更に該当することを踏まえ，特定個人情報保護評価（PIA）を適切に実施する（特定個人情報保護評価指針　第6—2—(2)）。

○仕様書の作成，事業者の選定基準の作成時に記載する内容

- 民間事業者の経営の健全性，安定性，営業規模，営業地域等の確認
- 民間事業者の業務遂行能力，要員の技術力，教育体制等の確認
- 民間事業者の個人情報保護措置及びセキュリティ確保の措置の実施状況等（プライバシーマーク・（ISMS）認証 ISO/IEC 27001 取得状況等）

　具体的には，

- 情報セキュリティマネジメントシステム（ISMS）認証 ISO/IEC 27001 又はプライバシーマーク認証を受けていること。
- 再委託の禁止又は再委託に係る委託者の承認
- 情報保護管理責任者の設置
- 入退室の管理ルールの順守
- 情報漏洩防止対策の構築
- 執務場所へのデジタルカメラ・携帯電話・USB メモリ・その他情報漏洩につながる機器の持込禁止
- 従事者（退職した場合も含む）の情報漏洩，滅失，き損，流出などの防止措置
- 業務目的以外のデータ，資料の利用・複写の禁止
- 業務システムのパスワード等の認証の適切な管理

❷個人情報保護対策

- 従事者に対しての守秘義務違反に対する責任及び罰則
- 情報セキュリティの内部監査
- 従事者の守秘義務順守の誓約書提出
- 損害賠償のための財務力
- 損害賠償のための財務力については，事業者自らの資力のほか，損害賠償保険の加入状況等をもって判断する。

○委託事業者の選定基準
(情報セキュリティガイドライン　第3編第2章8.1(1))
(住民票技術的基準　第10―1―(1)および(2))

(2)　遵守すべき事項及び機密事項の説明

(情報セキュリティガイドライン　第3編第2章5.1(4)，住民票技術的基準　第10―2)

○責任体制の明確化

　窓口業務の一部委託契約に係るセキュリティ責任者を明確にさせること。
(住民票技術的基準　第10―3―(1))

- 安全性および信頼性を確保するための措置
- 民間事業者が講ずるべき安全性及び信頼性を確保するための措置の内容を規定し，確実に履行させること。
- また，履行が不十分な場合における市区町村から民間事業者に対する改善申請等の手続，民間事業者の責めに帰すべき情報漏洩，その他の被害に対する損害賠償についても明確に規定する必要がある。

○システム端末の管理

　端末機の取扱いはセキュリティ責任者の指示または承認を受けた者が行うこと。操作者については，ID，顔・静脈等認証，識別カード，パスワード等によって資格の確認を行うこと。ID等については従事者個人ごとに付与し，他者と共有することがないよう徹底すること。

　操作者の権限に応じたアクセス制限を実施すること。

　操作履歴を記録し，不正アクセスその他の異常行動を監視し，適切な処理を行うこと。

　民間事業者が業務を処理する機器は，市区町村の機器と明確に区分すること。
(情報セキュリティガイドライン　第3編第2章，住民票技術的基準　第9―4および第10―3―(3))

　なお，民間事業者のID等についても市区町村が一括管理する場合には，事業者に名簿等を提出してもらうことが考えられる。この場合は個人の能力，態度等を評価して操作者を指定または拒否することは，偽装請負の観点から望ましくない。

- 書類，データ等の適切な管理
- 業務に係る原始資料，入出力帳票，ドキュメント，記憶媒体，その他の資料について，適切な管理を命じ，市区町村の承認なく執務スペースから持ち出すことのないよう徹底する。
- 業務終了後の返還，消去，廃棄等についても市区町村の申請・承認のもと適切に実施させる（住民票技術的基準　第10―3―(5)）。

(3)　市区町村で外部委託先が原因となった主な情報流出事案等

- 外部委託事業者の再委託先従業員が，住基データ7万件等を自宅に持ち帰り，ファイル交換ソフトを通じて流出
- 住民基本台帳ネットワークシステムの操作者用ICカードを外部委託事業者が一時紛失
- 業務委託を受けた事業者が28,000件の個人情報を含むUSBメモリを紛失
- 水道局の検針業務を受託した事業者が13件の個人情報を紛失
- 委託している事業者の再委託先が25件の個人情報を紛失
- 水道検針を委託している事業者が，検針用の個人情報を自らの販促活動に流用してダイレクトメールを送付
- △県から委託を受けた事業者が，外部委託業務が終了したにもかかわらず，使用したパソコン内のデータを抹消するのを怠ったため，別の事業で使用している際に，第三者に不正に閲覧された。
- 胸部レントゲン検診の受診者253人分の個人情報の入ったFDを検診の外部委託事業者に手渡したが，当該事業者が当該FDを紛失
- 県立病院の保守業務を委託している事業者の担当者が，外部記憶装置を無許可で持ち出し，ファイル交換ソフトを通じて流出
- 教育委員会がシステム開発を委託している事業者の下請事業者の従業員が，個人情報11万件を自宅に無断で持ち出し，ファイル交換ソフトを通じて流出
- 水道局お客様サービスセンターの運営業務を委託されている事業者の下請事業者に属するオペレータが，料金オンラインシステムを不正に操作し，個人情報を第三者に漏洩
- ※　「地方公共団体における業務の外部委託事業者に対する個人情報の管理に関する検討」報告書（総務省）から抜粋

❷ 個人情報保護対策

<table>
<tr><td colspan="3">**5** 窓口業務に係る個人情報保護に関連する
法令及び通知等の整理</td></tr>
</table>

区分	法令及び通達等	窓口業務の一部委託
総論	個人情報の保護に関する法律（平成 15 年法律第 57 号）	
	競争の導入による公共サービスの改革に関する法律（平成 18 年法律第 51 号）	第 34 条第 2 項を参照
	地方公共団体における情報セキュリティポリシーに関するガイドライン（令和 4 年 3 月版）	第 3 編第 2 章 8 業務委託と外部サービスの利用を参照
	外部委託に伴う個人情報漏えい防止対策に関する対応及び留意事項（平成 19 年 6 月 1 日総行情第 47 号）	上記ガイドラインに係る注意喚起
	地方公共団体の保有する情報資産の管理状況等の再点検について（平成 24 年 10 月 29 日総行情第 71 号）	上記ガイドラインに係る注意喚起
	競争の導入による公共サービスの改革に関する法律第 34 条第 2 項に規定する公共サービス実施民間事業者の要件を定める省令（平成 18 年総務省・法務省令第 1 号）	第 2 条（措置）
マイナンバー法関連	行政手続における特定の個人を識別するための番号の利用等に関する法律（平成 25 年法律第 27 号）	第 9 条～第 16 条を参照
	特定個人情報保護評価に関する規則（平成 26 年特定個人情報保護委員会規則第 1 号）	
	特定個人情報保護評価指針（特定個人情報保護委員会）	
	特定個人情報の適正な取扱いに関するガイドライン（行政機関等・地方公共団体等編）（個人情報保護委員会）	
戸籍法関連	戸籍法（昭和 22 年法律第 224 号）	
	戸籍法施行規則（昭和 22 年司法省令第 94 号）	第 68 条（磁気ディスクによる戸籍の事故防止）
住民基本台帳法関連	住民基本台帳法（昭和 42 年法律第 81 号）	第 36 条及び第 36 条の 2 第 2 項を参照
	住民票及び除票に係る磁気ディスクへの記録，その利用並びに磁気ディスク及びこれに関連する施設又は設備の管理の方法に関する技術的基準（昭和 61 年 2 月 4 日自治省告示第 15 号）	第 10「外部に委託して処理する場合に講ずるべき措置」を参照
	住民基本台帳システムの保守等を外部に委託する場合の契約条項例について（平成 20 年 3 月 26 日事務連絡）	上記告示に対応して契約事項を例示
	戸籍の附票及び戸籍の附票の除票に係る磁気ディスクへの記録，その利用並びに磁気ディスク及びこれに関連する施設又は設備の管理の方法に関する技術的基準 （平成 6 年 11 月 21 日法務省・自治省告示第 1	

	号）	
市区町村の個人情報保護条例	個人情報の保護に関する法律（平成15年法律第57号）第5条に，「その地方公共団体の区域の特性に応じて，個人情報の適正な取扱いを確保するために必要な施策を策定し，及びこれを実施する責務を有する」と規定されていることから，各市区町村において個人情報保護条例を制定しています。	窓口業務の一部委託に関しても，個人情報保護条例において受託した民間事業者及びその従業員に関する規定を追加し，罰則の対象とするなどの法規整備の実施，委託業務の内容に応じた情報の取扱いの方法等を定めた実施要領の策定，業務内容に限定した端末へのアクセス制限を実施するなどの個人情報保護に対する特段の配慮を設けています。

③ 戸籍謄抄本等交付業務に係る基礎知識（地番，住居表示を含む）

戸籍に関する業務を理解するためには，まず戸籍用語について理解する必要があります。

1 戸籍簿とは

戸籍簿は，届出（出生届，婚姻届，離婚届，死亡届など）等に基づき，日本人の国籍に関する事項と人の出生，婚姻，離婚，死亡その他の重要な事項を記載し（戸籍に記載すべき事項は，戸籍法第13条，戸籍法施行規則第30条，第34条から第40条までに法定され，戸籍法施行規則附録第6号にひな形が示されています。），これを公証する公文書です。

公証する戸籍簿の種類としては，現行戸籍，平成改製原戸籍，除籍，昭和改製原戸籍等があります。

平成6年の戸籍法改正により，各市区町村は個別に戸籍情報システムを導入し，電算化を進めました。現在は，全ての市区町村で戸籍情報システムが導入されています。

2 現在戸籍簿の例

平成6年の改製では書式が縦書きから横書きになるとともに，記載が文章形式から項目化形式に変更されています（次頁参照）。

	（2の1）	全 部 事 項 証 明

本　　　籍	東京都千代田区大手町一丁目２番地
氏　　　名	丙野　竹夫

戸籍事項 　　戸籍改製	【改製日】平成１２年３月４日 【改製事由】平成６年法務省令第５１号附則第２条第１項 　　による改製

戸籍に記録されている者	【名】竹夫 【生年月日】昭和２５年１月１日　　【配偶者区分】夫 【父】丙野松男 【母】丙野秋子 【続柄】三男
身分事項 　　出　　生	【出生日】昭和２５年１月１日 【出生地】東京都千代田区 【届出日】昭和２５年１月１０日 【届出人】父
婚　　姻	【婚姻日】昭和４８年１２月１日 【配偶者氏名】乙野梅子 【従前戸籍】東京都千代田区平河町二丁目１０番地　丙野 　　松男

以下省略

発行番号　０００２３４号
　　これは，戸籍に記録されている事項の全部を証明した書面である。

　　　　令和何年何月何日

　　　　　　　　　　　　　　　　　　　　　何市町村長氏名　｜　職印

出典：髙妻ほか『全訂第３版補訂　相続における戸籍の見方と登記手続』（日本加除出版，2022）113頁

3　平成改製原戸籍簿の例

　平成6年の戸籍法改正により，戸籍をコンピューター（磁気ディスク）で記録することができるようになりました。

　この戸籍のコンピューター化前の改製された戸籍を平成改製原戸籍簿といっています（「へいせいかいせいげんこせき」又は「へいせいかいせいはらこせき」と呼ばれています。）。

　各市区町村では平成7年度以降に個別で戸籍情報システムを導入しています。

（平成改製原戸籍を申請しないと証明されない内容）

○各市区町村が戸籍をコンピューター記録する以前に，死亡，婚姻，離婚などによって戸籍から除かれたこと。

○各市区町村が戸籍をコンピューター記録する以前に，離婚，養子縁組をしたこと。

○各市区町村が戸籍をコンピューター記録する以前に，誰かを認知したこと，養子にしたこと。

○各市区町村が戸籍をコンピューター記録する以前に，帰化をしたこと。

改製原戸籍

平成六年法務省令第五一号附則第二条第一項による改製につき平成拾弐年参月四日消除㊞

本籍	東京都千代田区大手町一丁目一番地	氏名	丙野竹夫

婚姻の届出による昭和四拾八年拾弐月壱日編製㊞

	父	丙野松男	三男
昭和弐拾五年壱月壱日東京都千代田区で出生同月拾日父届出入籍㊞	母	秋子	
昭和四拾八年拾弐月壱日乙野梅子と婚姻届出東京都千代田区半河町二丁目十番地丙野松男戸籍から入籍㊞			
	夫	竹夫	
	出生	昭和弐拾五年壱月壱日	

（以下省略）

出典：髙妻ほか『全訂第3版補訂　相続における戸籍の見方と登記手続』（日本加除出版，2022）111頁，112頁

4　除籍簿の例

　戸籍に記載されている人が，死亡，婚姻，離婚，転籍などの理由で全員が除かれている戸籍を「除籍」といいます。

　戸籍に記載されている人全員が除籍されると除籍簿になります。

　一部の人が除かれている状態は，「除籍」ではなく，「戸籍」になります。

（死亡による除籍の例）

　戸籍法施行規則付録第八号様式　戸籍の消除（第四十二条関係）（令和４年版 戸籍実務六法 354～355頁）

附録第八号様式　戸籍の消除（第四十二条関係）
第一　全部の消除

［除籍］印朱

本籍	東京都千代田区平河町三丁目十番地	氏名	甲野義太郎

略　令和六年五月拾壱日消除印

略	父	甲野幸雄	長男
	母	松子	
	夫	義太郎	
	生出	昭和四拾八年六月弐拾壱日	

略	父	乙野忠治	長女
令和六年五月九日午後八時参拾分東京都千代田区で死亡同月拾壱日	母	春子	
親族甲野英助届出除籍印	妻亡	梅子	
	生出	昭和四拾壱年壱月八日	

略	父	甲野義太郎	長女
	母	梅子	
		〇り	
	生出	平成六年弐月拾五日	

第二　一部の消除

本籍	東京都千代田区平河町三丁目十番地	氏名	甲野義太郎

略		

略	平成弐拾六年五月参日午前五時東京都千代田区で死亡同月五日同居者 丙原正作届出除籍㊞	父 甲野幸雄　母 松子　長男 夫 義太郎 生出 昭和四拾年六月弐拾壱日

略	平成弐拾六年五月参日夫死亡㊞ 平成弐拾七年五月八日婚姻前の氏に復する届出同月弐拾日京都市北区 長から送付同区小山初音町十八番地乙野忠治戸籍に入籍につき除籍㊞	父 乙野忠治　母 春子　長女 妻 梅子 生出 昭和四拾壱年壱月八日

略	平成弐拾四年六月壱日父親権喪失の審判確定同月四日嘱託㊞ 平成弐拾五年九月参日父親権喪失の審判取消の裁判確定同月九日同人 親族乙原清吉届出㊞	父 甲野義太郎　母 梅子　長女 ゆり 生出 平成六年弐月拾五日

5　昭和改製原戸籍簿の例

　昭和32年の改製までは，戸籍は「家」を一つの単位として構成されており，孫，甥，姪なども含めた一族全員が同じ戸籍に記載されていました。

　しかし，戦後の憲法改正に伴い，昭和32年法務省令第27号により「夫婦と同氏の子」を単位として構成する現行の戸籍に改められました。

昭和に行われた改製であることから，「昭和改製原戸籍」と呼ばれています（「しょうわかいせいげんこせき」又は「しょうわかいせいはらこせき」と呼ばれています。）。

なお，昭和改製原戸籍簿の例については，高妻ほか『全訂第3版補訂　相続における戸籍の見方と登記手続』（日本加除出版，2022）の100頁以降をご参照ください。

6　明治5年式戸籍簿，明治19年式戸籍簿，明治31年式戸籍簿等

(1)　明治5年式戸籍簿

　明治5年式戸籍は，壬申（みずのえ・さる）の年に施行されたことから，「壬申（じんしん）戸籍」と呼ばれています。

　明治5年式戸籍には，往時の賤称，前科等の現行法において定める事項以外の事項の記載がなされ，一般に公開するに適さないものです。

　明治5年式戸籍は，昭和改製原戸籍あるいは除籍として保管されていましたが，保存期間経過により廃棄手続きが取られています。

　物理的に廃棄処分を留保して保存されていた壬申戸籍は，管轄法務局に戻され厳重に保管されています。

　このため，壬申戸籍は公証できないことになっています。

　なお，明治5年式戸籍について詳しく知りたい方は，高妻ほか『全訂第3版補訂　相続における戸籍の見方と登記手続』（日本加除出版，2022）をご参照ください（記載例については8頁以降，改製については83頁以降）。

(2)　明治19年式戸籍簿

　明治19年式戸籍は，取得可能な最も古い戸籍です。

　明治19年10月16日内務省令第22号「戸籍取扱手続」により編製されました。

　戸主を中心に家単位で，直系・傍系の親族を記載しています。

　明治19年式戸籍において，戸籍の様式，戸籍簿の調製，戸籍の記載方法，戸籍簿永久保存の原則が確立されています。

　明治19年式戸籍は手書きで記載されています。

　変体かなや旧字体で書かれていますので，記載内容を読むには経験・慣れが必要です。

　この戸籍には一部空白がありますが，身分差別廃止の観点から現在では白く塗られており，白く塗られている部分の記載が読み取れなくても問題はありません。

　なお，明治19年式戸籍について詳しく知りたい方は，高妻ほか『全訂第3版補訂　相続における戸籍の見方と登記手続』（日本加除出版，2022年）をご参照ください（記載例については18頁以降，改製については88頁以降）。

⑶　明治 31 年式戸籍簿

　明治 31 年 7 月 16 日民法の附属法として戸籍法が施行されました。

　特徴は,「戸主ト為リタル原因及ヒ年月日」という欄があることです。

　1 枚目の表には 2 人, 裏には 3 人, 2 枚目以降は, すべて 3 人ずつ記載できるような様式になっています。

　戸籍事務は市区町村長が戸籍吏として取り扱い, 各市区町村に戸籍役場が設けられました。

　なお, 明治 31 年式戸籍について詳しく知りたい方は, 髙妻ほか『全訂第 3 版補訂相続における戸籍の見方と登記手続』（日本加除出版, 2022 年）をご参照ください（記載例については 20 頁以降, 改製については 93 頁以降）。

⑷　大正 4 年式戸籍簿

　大正 4 年 1 月 1 日に戸籍法及び戸籍法施行細則が施行されました。

　改正点としては, ①戸籍事務鑑掌者を戸籍吏から市区町村長に, ②寄留制度が寄留法の施行により分離されたことなどが挙げられます。

　戸籍簿作成時にそれまであった戸籍の記載事項をすべて記載していたため, 編製事由（当該戸籍の期間を示す記載。「○年○月○日○○改製」等と記載）が複数ある場合があります。

　この場合, 編製事由が複数記載されていた場合は, 最も現在に近いものが, 当該戸籍のはじまりとなります。

　なお, 大正 4 年式戸籍について詳しく知りたい方は, 髙妻ほか『全訂第 3 版補訂相続における戸籍の見方と登記手続』（日本加除出版, 2022 年）をご参照ください（記載例については 22 頁以降, 改製については 96 頁以降）。

7　本籍地とは

　戸籍法第 1 条では, 戸籍に関する事務は, 市区町村長がこれを管掌すると定められています。

　戸籍法第 6 条では, 戸籍は, 市区町村の区域内に本籍を定める一の夫婦及びこれと氏を同じくする子ごとに, これを編製すると定められています。

　このことから, 日本国内において市区町村の範囲内で定める場所を本籍地としています。

　本籍地は住所地や自分と関係ない場所にも設定できます。

　戸籍法施行規則第 3 条では, 戸籍は, 市区町村長が定める区域ごとに, 本籍を表示する地番号若しくは街区符号の番号の順序又はその区域内に本籍を有する者の戸籍の筆頭に記載した者の氏の（あ）（い）（う）（え）（お）の順序に従ってつづるものとすると定

められています。

※　地番で定めた場合
　　○○県○○市○○町１丁目１番地
※　街区符号番号で定めた場合
　　○○県○○市○○町１丁目１番
（地番と街区符号番号のイメージ）

（地番のイメージ）

地番の場合（住居表示が行われていない場合）

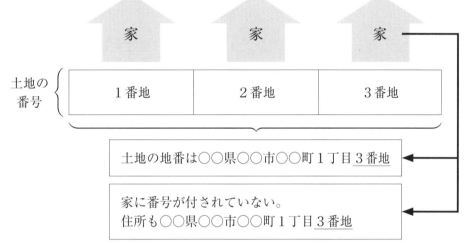

※地番の場合は大字・小字や地番の甲・乙など様々な表示があります。

（街区符号番号のイメージ）

住居表示が行われている。

8　戸籍の筆頭者・直系尊属，直系卑属

筆頭者とは，戸籍の最初に記載されている人です。

婚姻されている人は，夫または妻のどちらかになります。

一度筆頭者になった人は，亡くなられても，婚姻を解消しても筆頭者として変わりません。

婚姻されていない人は，父または母のどちらかが筆頭者になります。

なお，養子縁組届や分籍届等を行っている人は，これにあてはまらないことがあります。

直系尊属とは，父母・祖父母など自分より前の世代で，直通する系統の親族のことをいいます。

また，養父母も含まれます。叔父・叔母，配偶者の父母・祖父母は含まれません。

直系卑属とは，子・孫など自分より後の世代で，直通する系統の親族をいいます。また，養子も含まれます。兄弟・姉妹，甥・姪，子の配偶者は含まれません。

④ 戸籍謄抄本等の交付に係る親族・相続の知識について

　市民課の窓口では，住民票の交付申請の際に同居の親族，戸籍謄抄本を申請する際の直系尊属・直系卑属といった用語が出てきます。

　初めて，市民課窓口に立った職員は，親族に関連した話を聞きますと，難しい話と思い身構えてしまいます。

　皆さんは，これから身分関係・親族関係を公証する戸籍事務に携わることとなりますので，血族と姻族の関係を理解する必要があります。

　また，「相続」とは，個人が死亡した場合に，その個人の有していた財産上の権利義務を一定の身分関係がある者に承継させる制度です。

　戸籍謄抄本等の申請の目的で最も多いのは，「相続に使用する」という調査結果があります。

　弁護士や司法書士が戸籍謄抄本を職務申請で申請する場合や，市民課窓口で，相続人（利害関係者）として個人が戸籍謄抄本等を申請されることもあります。

　その際には，相続人（利害関係人）としての権利があるかどうかを判定することになります。

　なお，この相続の知識では市民課窓口で必要と思われる，被相続人・相続人の定義，死亡，失踪宣告，認定死亡，同時死亡の推定，相続の開始，相続開始の場所，相続人の順位と法定相続分，相続の承認と放棄，遺言，遺留分だけを記載しています。興味のある方は，別途，相続法について勉強してください。

1　血族と姻族の関係

(1)　親族の範囲

　民法725条には親族の範囲が記載されています。

　親族の範囲とは，①六親等内の血族，②配偶者，③三親等内の姻族となっています。

　また，親等の計算方法は次のとおり民法726条で記載されています。

- 親等は，親族間の世代数を数えて，これを定める。
- 傍系親族の親等を定めるには，その一人又はその配偶者から同一の祖先にさかのぼり，その祖先から他の一人に下るまでの世代数による。

　分かりやすく理解できるよう，次頁に親族・親等図表を掲載しました。

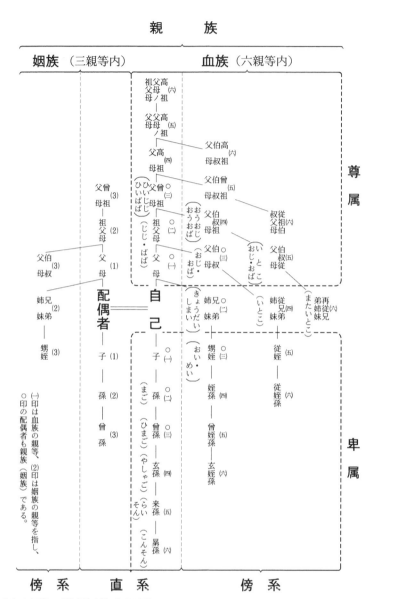

○親族・親等図表

※すべて自己を中心としてみたもの。親族内の表示は明治三七年八月二六日司法省民刑第七三四号民刑局長回答による。なお、伯叔の区別は父母・祖父母より年齢の多いものが伯、少ないものが叔である。

親　族

姻族（三親等内）　　　血族（六親等内）

尊　属

卑　属

傍　系　　直　系　　　　傍　系

（一）印は血族の親等、(2)印は姻族の親等を指し、○印の配偶者も親族（姻族）である。

出典：令和4年版　戸籍実務六法（1698頁）

2　被相続人・相続人の定義と相続の開始

(1)　被相続人・相続人の定義

被相続人……死亡により財産上の権利義務を承継される者

相続人……死亡により財産上の権利義務を承継する者

⑵　死亡，失踪宣告，認定死亡，同時死亡の推定

ア　死亡

相続は死亡により開始します（民法第882条）。

被相続人が病気，老衰，事故などの自然な死亡であれば，医師の診断をもって死亡が認定され，同時に相続が開始されます。

イ　失踪宣告

失踪宣告とは，生死不明の者に対して法律上死亡したものとみなす効果を生じさせる制度です。

失踪宣告には，普通失踪宣告と特別失踪宣告の2種類があります。

普通失踪とは，不在者の生死が7年間不明のときに，家庭裁判所が利害関係人の申請により失踪の宣告をすることをいいます（民法第30条第1項）。

特別失踪とは，戦争，船舶の沈没，震災などの死亡の原因となる危難に遭遇した者の生死がその危難が去った後1年間不明のときに，家庭裁判所が利害関係人の申請により失踪の宣告をすることをいいます（民法第30条第2項）。

失踪の種類	失踪期間	死亡の時期
普通失踪	不在者の生死が7年間不明であること	7年間が満了した時
特別失踪	戦争，船舶の沈没，震災などの死亡の原因となる危難に遭遇した者の生死が，その危難が去った後1年間不明であること	危難が去った時

普通失踪の宣告を受けた者は，失踪期間満了時に死亡したものとみなされます。また，特別失踪の宣告を受けた者は，危難が去った時に死亡したものとみなされます（民法第31条）。

なお，失踪宣告を受けた者の生存が判明した場合又は民法第31条と異なる時に死亡したことの証明があったときには，家庭裁判所は失踪者本人又は利害関係人の申請により失踪宣告を取り消すこととなります（民法第32条）。

ウ　認定死亡

水難，火災その他の事変によって死亡したのは確実ですが，遺体が見つからない場合，取調べにあたった官公署が死亡の認定を行い，死亡地の市区町村長に死亡の報告をしなければなりません（戸籍法第89条）。

死亡の時期は官公署からの死亡報告に記載されます。

エ　同時死亡の推定

複数が死亡した場合で，被相続人と相続人の死亡時間が不明の場合は，法律で全員同じ時間に死亡したものと推定します（民法第32条の2）。

3　相続の開始と場所

(1)　相続の開始

相続の開始により，相続人は，相続開始の時から，被相続人の財産に属した一切の権利義務（積極的な財産（プラスの財産）だけでなく，消極的な財産（マイナスの財産）も含まれます。）を承継します。

ただし，被相続人の一身に専属したもの（相続による譲渡禁止特約のあるゴルフ会員権，弁護士資格，年金受給権等）を除きます（民法第896条）。

(2)　相続開始の場所

相続は，被相続人の住所において開始します（民法第883条）。

このため，相続に関する訴訟，審判事件等は被相続人の住所地となります。

相続税の納税地も当分の間，被相続人の死亡の時における住所地とされています。

4　相続人の順位と法定相続分

配偶者がいる場合の他の相続人の順位と法定相続分は次のとおりとなります（民法第900条）。なお，配偶者は常に相続人となります（民法第890条）。

相続人	法定相続分	説明
配偶者と子（第1順位）	子　　　2分の1 配偶者2分の1	子が数人あるときは，子の法定相続分を均等分割します。 ※子は，実子であるか養子であるか，また，「嫡出子」であるか「非嫡出子」であるかを問いません。 ※子が相続開始以前に死亡しているときや相続欠格又は廃除により相続権を失っているときは，その者の子・孫等が代襲して相続人となります。 ※配偶者の連れ子を相続人とするには養子縁組が必要です。
配偶者と直系尊属（第2順位）（子がいない場合）	配偶者　3分の2 直系尊属3分の1	直系尊属が数人あるときは，直系尊属の法定相続分を均等分割します。 ※直系尊属の中に親等の異なる者がいるときは，その親等の近い者が相続人となります（例えば，父母と祖父母がいる場合には，父母が優先して相続人となります。）。 ※実父母と養父母とは同順位で相続人となります。
配偶者と兄弟姉妹（第3順位）（子と直系尊属がいない場合）	配偶者　4分の3 兄弟姉妹4分の1	兄弟姉妹が数人あるときは，兄弟姉妹の法定相続分を均等分割します。 ただし，父母の一方を同じくする兄弟姉妹（半血兄弟姉妹）の相続分は，父母の双方を同じくする兄弟姉妹（全血兄弟姉妹）の相続分の2分の1とします。 ※兄弟姉妹が相続開始以前に死亡しているときや相続の欠格又は廃除により相続権を失っているときは，その兄弟姉妹の子が代襲して相続人となります（再代襲はなし）。 ※親の実子と養子，養子と養子でも同順位で相続人となります。

5　相続の承認と放棄

　相続の開始により相続人は被相続人に属する一切の権利義務を承継することになりますが，債務が多い被相続人の相続については相続人が相続を放棄することがあります。

　民法は，相続人に対して相続財産を承継するかどうか，承認と放棄について選択権を与えています（民法第915条）。

(1)　単純承認

　相続人は，債務を含めた相続財産の全てを受け入れる単純承認をしたときは，無限に被相続人の権利義務を承継します（民法第920条）。

(2)　限定承認

　相続人は，相続によって得た財産の限度においてのみ被相続人の債務及び遺贈を弁済すべきことを留保して行う限定承認の相続を行うことができます（民法第922条）。

　限定承認は，相続の開始を知った日から3か月以内に家庭裁判所に相続財産の目録を作成して提出し，限定承認する旨の申述をして行います（民法第924条）。

(3)　相続の放棄

　相続人は，債務を含めた相続財産の全ての承継を拒否することができます。

　相続の放棄は，相続の開始を知った日から3か月以内に家庭裁判所に相続を放棄する旨の申述をして行います（民法第915条，民法第938条）。

　相続を放棄した者は，その相続に関しては初めから相続人とならなかったものとみなされます（民法第939条）。

　このため，相続の放棄があった場合には，相続人や相続分に変更が生ずる場合があります。

6　遺言と遺留分

(1)　遺言

　遺言は，被相続人の生前における意思を死後に実現させる制度で，15歳に達した者ができます（民法第961条）。

　遺言は，民法に定める方式に従って行います（民法第960条）。

　このため，民法に定める方式に反した遺言は無効となります。

　遺言の方式には次のような方式があります。

遺言の方式		内容
普通方式	自筆証書遺言 民法第968条	遺言者がその全文，日付及び氏名を自署するとともに押印した遺言

	公正証書遺言 民法第 969 条	遺言者が遺言の趣旨を口述したものを公証人が筆記し，これを遺言者及び証人に読み聞かせるなど，一定の要件を備えた公正証書により行った遺言	
	秘密証書遺言 民法第 970 条	遺言者が署名押印して封印した遺言書を作成し，公証人 1 人及び証人 2 人以上の前に封書を提出して，遺言者の遺言書であることの証明を受けた遺言	
特別方式	死亡危急者遺言 民法第 976 条	疾病その他の事由によって死亡の危急に迫った者が，証人 3 人以上の前で遺言の趣旨を口述し，証人が筆記するなど一定の要件を備えた遺言 遺言の日から 20 日以内に家庭裁判所に申請し，その確認を得なければ効力を失う。	
	伝染病隔離者遺言 民法第 977 条	伝染病のため行政処分によって交通を断たれた場所にある者が，警察官 1 人及び証人 1 人以上の立会いをもって作成した遺言	
	在船者遺言 民法第 978 条	船舶中に在る者が，船長又は事務員 1 人及び証人 2 人以上の立会いをもって作成した遺言	
	船舶遭難者遺言 民法第 979 条	船舶が遭難した場合において，当該船舶中に在って死亡の危急に迫った者が，証人 2 人以上の前で遺言の趣旨を口述し，証人が筆記するなど一定の要件を備えた遺言 遺言の日から遅滞なく家庭裁判所に申請し，その確認を得なければ効力を失う。	

(2)　遺留分

　　遺留分とは，相続財産の一定割合を一定の範囲の相続人に留保するという制度です。遺言があっても遺留分制度は適用されます。

　　遺留分制度では，遺族の生活保障も十分に考慮する必要があるため，相続財産の一定割合を一定の範囲の相続人に留保することとしています。

　　民法では，遺留分権利者（遺留分を有する相続人）及び遺留分を次のとおり定めています（民法第 1042 条）。

遺留分権利者	遺留分の割合
相続人が直系尊属のみ（父母など）のみ	遺留分算定の基礎となる財産の 3 分の 1
上記以外（配偶者や子供など）	遺留分算定の基礎となる財産の 2 分の 1
兄弟姉妹	遺留分の権利はありません。

　　※　仮に，相続人が配偶者と兄弟姉妹の場合に，「配偶者に全ての財産を遺贈する」旨の遺言があったときには，全ての財産を配偶者が取得することになります（兄弟姉妹に遺留分の権利がないため。）。

　　遺留分の額は，次のとおり算定します。

各人の遺留分の額	=	遺留分算定の基礎となる財産の価額	×	個別的遺留分の割合

　　※　被相続人の財産が新たに発見されたときや相続の放棄があって相続分が変更した場合には，遺留分額の算定をやり直すことになります。

❺ 事前登録型本人通知制度

1　事前登録型本人通知制度とは

　事前登録型本人通知制度は，市区町村が，住民票の写し，戸籍謄抄本，戸籍の附票の写し（以下「住民票の写し等」という。）を，代理人や第三者に交付した場合に，希望する本人（事前に市区町村への登録が必要）に交付したことをお知らせする制度です。

　窓口では，市民の方が誤解されて，住民票の写し等の交付を止める制度として申請に来られるケースもありますが，交付を止める制度ではなく，希望する本人に住民票の写し等を第三者に交付したことをお知らせする制度だということを丁寧に説明してください。

　事前登録型本人通知制度は法律で定められた制度ではなく，各市区町村の条例，規則，要綱等で定められている自治事務の制度です。

　事前登録型本人通知制度の目的としては次の３つが挙げられます。

○不正申請及び不正取得の防止（不正申請の早期発見につながり，個人情報の不正利用防止や事実関係の早期究明が期待できます。）

○不正申請の抑止（不正が発覚する可能性が高まることから，不正申請を躊躇させる効果が期待できます。）

○個人の権利の侵害の防止（住民票の写し等の不正申請及び不正取得による個人の権利侵害の抑止及び防止）

　一般的に，事前登録型本人通知制度で本人への通知の対象となる証明書は次のとおりです。

○住民票の写し（除票も含みます。）

○戸籍謄抄本（除籍謄抄本，原戸籍謄抄本等も含みます。）

○戸籍の附票の写し（除籍の附票の写しも含みます。）

2　事前登録型本人通知制度の概要図

一般的な事前登録型本人通知制度の事務の流れは，下図のようになっています。

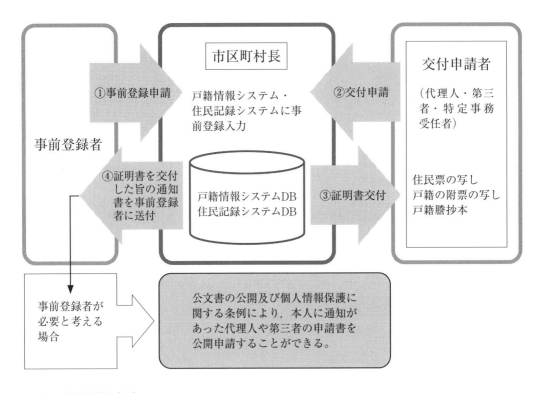

(1)　事前登録申請

　事前登録希望者（本人）は，住民票の写し等の第三者（代理人，特定事務受任者等）からの申請に際して，証明書を交付したという通知を送る事前登録型本人通知制度に登録申請を行います。

(2)　交付申請

　第三者（代理人，特定事務受任者等）から本人に係る住民票の写し等の交付申請が行われます。

(3)　証明書交付

　市区町村の職員は，当該申請に対し，住民票の写し・戸籍謄抄本・戸籍の附票の写しの交付要件に合致するか審査し，適正であれば申請のあった証明書を交付します。

(4)　本人に通知書を送付

　一定の期間（1週間又は2週間程度）経過した後に，住民記録システム，戸籍情報システムから住民票の写し・戸籍謄抄本・戸籍の附票の写しを発行した旨の通知書を出

力し，本人に通知分を送付します。

　※　事前登録型本人通知制度を条例で定めている市区町村では，当該住民票の写し・戸籍の附票
　　の写し・戸籍謄抄本の申請書等（公文書）の公開を「公文書の公開及び個人情報保護に関する
　　条例」ではなく，「事前登録型本人通知制度条例」で定めているケースもあります。

　※　現時点で事前登録型本人通知制度を実施していない市区町村はあります。また，実施してい
　　る市区町村でも内容は各市区町村で異なっています。

❺ 事前登録型本人通知制度

⑥ ドメスティック・バイオレンス及び ストーカー行為等の被害者への支援措置

　市民課では市民の方から，配偶者からのドメスティック・バイオレンス（以下，DVという。）やストーカー行為等について，窓口で相談されることがあると思います。

　このような，DV・ストーカー行為等について様々な支援措置が設けられていますので，職員や委託事業者は正確に理解する必要があります。

　加えて，被害者の住所を知らせないための住民票の写し・戸籍の附票の写しの交付制限が行われています。

　戸籍届出・住民異動届等に際してもDV等による「なりすまし等」を防止するため本人確認も厳格化されています。

　以下，「配偶者からの暴力の防止及び被害者の保護等に関する法律」及び「ストーカー行為等の規制等に関する法律」の内容を記載していますので，DVやストーカー等の定義等を確認してください。

1　DV被害者への支援措置とは

　DV被害者への支援措置の内容については，配偶者からの暴力の防止及び被害者の保護等に関する法律（平成13年法律第31号）で定められています。

(1)　配偶者からの暴力とは

　配偶者からの暴力とは，配偶者からの身体に対する暴力（身体に対する不法な攻撃であって生命又は身体に危害を及ぼすものをいいます。）又はこれに準ずる心身に有害な影響を及ぼす言動をいいます。

　配偶者からの身体に対する暴力等を受けた後に，その者が離婚をし，又はその婚姻が取り消された場合にあっては，当該配偶者であった者から引き続き受ける身体に対する暴力等を含むものとします。

　「配偶者」には，婚姻の届出をしていないが事実上婚姻関係と同様の事情にある者を含みます。「離婚」には，婚姻の届出をしていないが事実上婚姻関係と同様の事情にあった者が，事実上離婚したと同様の事情に入ることを含んでいます。

(2)　国及び地方公共団体の責務

　国及び地方公共団体は，配偶者からの暴力を防止するとともに，被害者の自立を支援することを含め，その適切な保護を図る責務を有します。

ア　国の責務

　国が作成する基本方針には，次に掲げる事項が定められています。

○配偶者からの暴力の防止及び被害者の保護に関する基本的な事項

○配偶者からの暴力の防止及び被害者の保護のための施策の内容に関する事項

○その他配偶者からの暴力の防止及び被害者の保護のための施策の実施に関する重要事項

　　主務大臣は，基本方針を定め，又はこれを変更しようとするときは，あらかじめ，関係行政機関の長と協議しなければなりません。

　　また，主務大臣は，基本方針を定め，又はこれを変更したときは，遅滞なく，これを公表しなければなりません。

イ　都道府県の責務

　　都道府県は，国の作成する基本方針に即して，当該都道府県における配偶者からの暴力の防止及び被害者の保護のための施策の実施に関する基本的な計画を定めます。

　　都道府県基本計画においては，次に掲げる事項を定めます。

○配偶者からの暴力の防止及び被害者の保護に関する基本的な方針

○配偶者からの暴力の防止及び被害者の保護のための施策の実施内容に関する事項

○その他配偶者からの暴力の防止及び被害者の保護のための施策の実施に関する重要事項

ウ　市区町村の責務

　　市区町村は，国の基本方針に即し，かつ，都道府県基本計画を勘案して，当該市区町村における配偶者からの暴力の防止及び被害者の保護のための施策の実施に関する基本的な計画を定めるよう努めなければなりません。

2　ストーカー行為等の被害者への支援措置

　　ストーカー行為等の被害者への支援措置の内容については，ストーカー行為等の規制等に関する法律（平成12年法律第81号）で定められており，同法では，ストーカー行為を処罰する等ストーカー行為等について必要な規制を行うとともに，その相手方に対する援助の措置等を定めることにより，個人の身体，自由及び名誉に対する危害の発生を防止し，あわせて国民の生活の安全と平穏に資することを目的としています。

(1)　つきまとい等とは

　　つきまとい等とは，特定の者に対する恋愛感情その他の好意の感情又はそれが満たされなかったことに対する怨恨の感情を充足する目的で，当該特定の者又はその配偶者，直系若しくは同居の親族その他当該特定の者と社会生活において密接な関係を有する者に対し，次のいずれかに掲げる行為をすることをいいます。

○つきまとい，待ち伏せし，進路に立ちふさがり，住居，勤務先，学校その他その現に所在する場所若しくは通常所在する場所の付近において見張りをし，住居等に押

し掛け，又は住居等の付近をみだりにうろつくこと。

○その行動を監視していると思わせるような事項を告げ，又はその知り得る状態に置くこと。

○面会，交際その他の義務のないことを行うことを要求すること。

○著しく粗野又は乱暴な言動をすること。

○電話をかけて何も告げず，又は拒まれたにもかかわらず，連続して，電話をかけ，文書を送付し，ファクシミリ装置を用いて送信し，若しくは電子メールの送信等をすること。

○汚物，動物の死体その他の著しく不快又は嫌悪の情を催させるような物を送付し，又はその知り得る状態に置くこと。

○その名誉を害する事項を告げ，又はその知り得る状態に置くこと。

○その性的羞恥心を害する事項を告げ若しくはその知り得る状態に置き，その性的羞恥心を害する文書，図画，電磁的記録に係る記録媒体その他の物を送付し若しくはその知り得る状態に置き，又はその性的羞恥心を害する電磁的記録その他の記録を送信し若しくはその知り得る状態に置くこと。

(2)　ストーカー行為とは

ストーカー行為とは，同一の者に対し，前述のつきまとい等を反復してすることをいいます。

(3)　つきまとい等をして不安を覚えさせることの禁止

何人も，つきまとい等をして，その相手方に身体の安全，住居等の平穏若しくは名誉が害され，又は行動の自由が著しく害される不安を覚えさせてはなりません。

3　安全な生活を確保するための支援の関係機関

DVやストーカー行為等に対しては，次のような支援措置があります。

被害者の安全な生活を確保する				
相談・被害申告（緊急の場合は通報）	相談・避難	相談・避難	保護命令の申立て仮処分命令の申立て	受診（ケガ等をした場合）
⇩	⇩	⇩	⇩	⇩
警察	配偶者暴力相談支援センター	民間シェルター等	地方裁判所	病院
被害者の保護加害者の検挙ストーカー規制法	被害者の保護・相談一時保護	配偶者暴力相談支援センターから一時保護が委託され	保護命令接近禁止命令退去命令	被害者の発見・治療診断書の作成

に基づく警告等 警察本部長等の援助	自立生活の促進	る場合あり	仮処分命令	支援センターの情報の提供

<table>
<tr><td colspan="3" align="center">被害者の法的手続きを進める</td></tr>
<tr><td>相談・弁護士の相談依頼

⇩

弁護士会</td><td>相談・援助の申込み

⇩

日本司法支援センター
（愛称：法テラス）
弁護士の紹介
裁判費用の立て替え</td><td>離婚調停申立て

⇩

家庭裁判所

調停離婚の場合
別居中の生活費
子の養育費
財産分与
慰謝料
親権

調停不成立の場合
家庭裁判所で判決離婚・
和解離婚等</td></tr>
</table>

<table>
<tr><td colspan="6" align="center">被害者の自立生活促進</td></tr>
<tr><td>避難

⇩

婦人相談所
一時保護
婦人相談施設</td><td>社会福祉制度の利用

⇩

各自治体の福祉窓口・福祉事務所
生活保護の受給決定
児童扶養手当ての受給決定など

母子生活支援施設入所など

⇩

母子生活支援施設等
母子世帯が利用可能</td><td>住居の確保

⇩

公営住宅
民間アパート</td><td>子どもを預ける

⇩

保育園・保育室など

子ども家庭支援センター
一時保育
トワイライトステイ（放課後〜夜間）
ショートステイ</td><td>転校の手続き

⇩

教育委員会</td><td>就職活動

⇩

ハローワークなど
就職斡旋
職業訓練校の紹介</td></tr>
</table>

❻ ドメスティック・バイオレンス及びストーカー行為等の被害者への支援措置

4　住民票の写し等の交付制限

　配偶者からの暴力（DV），ストーカー行為等，児童虐待及びこれらに準ずる行為の被害者の方は，申出によって，住民票の写し等の交付等を制限できます。

　配偶者からの暴力（DV），ストーカー行為等，児童虐待及びこれらに準ずる行為の被害者（以下「DV等被害者」といいます。）の方については，市区町村に対して住民基本台帳

事務における DV 等支援措置を申し出て，「DV 等支援対象者」となることにより，加害者からの「住民基本台帳の一部の写しの閲覧」，「住民票（除票を含む）の写し等の交付」，「戸籍の附票（除票を含む）の写しの交付」の申請・申出があっても，これを制限する（拒否する）措置が講じられます。

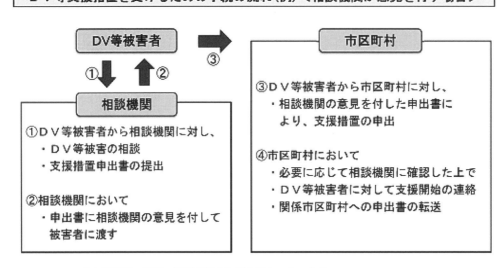

ＤＶ等支援措置を受けるための手続の流れ（例）＜相談機関が意見を付す場合＞

DV等被害者 → ③ 市区町村

①② 相談機関

相談機関
①ＤＶ等被害者から相談機関に対し、
　・ＤＶ等被害の相談
　・支援措置申出書の提出

②相談機関において
　・申出書に相談機関の意見を付して被害者に渡す

市区町村
③ＤＶ等被害者から市区町村に対し、
　・相談機関の意見を付した申出書により、支援措置の申出

④市区町村において
　・必要に応じて相談機関に確認した上で
　・ＤＶ等被害者に対して支援開始の連絡
　・関係市区町村への申出書の転送

※相談機関：警察、配偶者暴力相談支援センターなど
※事前に相談機関への相談を行っている場合は、①・②は不要

出典：総務省ホームページ（https://www.soumu.go.jp/main_sosiki/jichi_gyousei/daityo/dv_shien.html）

5　住民基本台帳事務における支援措置申出書

表面

住民基本台帳事務における支援措置申出書
（固定資産が所在する東京都及び市区町村への支援措置申出書を兼ねる。）

市区町村		受付	連絡
		/	/
転送	/	/	/
	/	/	/
	/	/	/

○○○○○○長
関係市区町村長　　　様
関係都税事務所長

住民基本台帳事務（又は固定資産税事務）におけるドメスティック・バイオレンス、ストーカー行為等、児童虐待及びこれらに準ずる行為の被害者保護の支援措置の実施を求めます。

令和　　年　　月　　日

氏名

備考

申出者	氏名（生年月日）（　年　月　日）	住所	連絡先	本人確認	
加害者（判明している場合）	氏名（生年月日）（　年　月　日）	住所	その他		

申出者の状況（別紙参照の上、いずれかに∨）	A　配偶者暴力防止法	B　ストーカー規制法	C　児童虐待防止法	D　その他前記AからCまでに準ずるケース

添付書類（該当書類に∨）	保護命令決定書（写し）	その他
	ストーカー規制法に基づく警告等実施書面	

相談先
（警察署、配偶者暴力相談支援センター、児童相談所等の機関に相談している場合、相談した日時、当該機関（以下「相談機関」という。）の名称、担当課等を可能な範囲で記入して下さい）
　　年　　月　　日　（相談先の名称　　　　　　　　　　　　）（担当課　　　　　　　　　）

支援措置を求めるもの（現住所が記載されているものに限る）	希望に∨	支援を求める事務		現住所等	
		住民基本台帳の閲覧	現住所	同上	
		住民票の写し等の交付（現住所地）	現住所	同上	
		住民票の写し等の交付（前住所地）	前住所		
		戸籍の附票の写しの交付（本籍地）	本籍		
		戸籍の附票の写しの交付（前本籍地）	前本籍		

併せて支援を求める者（同一の住所を有する者に限る）	申出者との関係	氏名	生年月日	申出者との関係	氏名	生年月日

相談機関等の意見	（添付書類がなかった場合）1　上記申出者の状況に相違ないものと認める。2　上記併せて支援を求める者について、申出者を保護するため支援の必要性があるものと認める。3　1、2以外の場合に、相談機関等において、特に把握している状況（※一時保護の有無、相談時期等）がある場合把握している状況：令和　　年　　月　　日　　　　　長（印）　（担当　　課　　　係）	市区町村の確認	年月日担当相手方

備考	他の市区町村（特別区を含む。）に所有する固定資産　　□あり（※過去に所有していた場合も含む。）　□なし 支援措置期間　令和　　年　　月　　日～令和　　年　　月　　日

（注）●太枠の中に記入してください。
　　　●申出に際し、ご本人の確認をさせていただきます。
　　　●法定代理人、児童相談所長、児童福祉施設の長、里親、ファミリーホーム事業を行う者等支援措置対象者本人以外の者が申し出る場合は、備考欄に実際に申出を行う者の氏名、生年月日、住所、連絡先等を記入してください。
　　　●申出の内容について、相談機関等に確認させていただく場合があります。
　　　●支援措置は、厳格な審査の結果、不当な目的によるものでないこととされた請求まで拒否するものではありません。
　　　●支援の期間は、支援開始の連絡日から一年です。期限到来の一月前から延長の申出を受け付けます。当該申出がない場合、期限到来をもって支援を終了します。
　　　●申出書の内容に変更が生じた場合には、当初に申出を行った市町村長に申出を行って下さい。

❻ ドメスティック・バイオレンス及びストーカー行為等の被害者への支援措置

固定資産税事務における支援を求める市区町村及び所有固定資産の詳細

<table>
<tr><td rowspan="5">申出者の所有固定資産</td><td></td><td colspan="2">固定資産税事務における支援を求める市区町村名</td><td>土地・家屋の別</td><td>固定資産の所在</td><td>備考</td></tr>
<tr><td>1</td><td colspan="2"></td><td></td><td></td><td></td></tr>
<tr><td>2</td><td colspan="2"></td><td></td><td></td><td></td></tr>
<tr><td>3</td><td colspan="2"></td><td></td><td></td><td></td></tr>
<tr><td>4</td><td colspan="2"></td><td></td><td></td><td></td></tr>
<tr><td>5</td><td colspan="2"></td><td></td><td></td><td></td></tr>
<tr><td rowspan="14">併せて支援を求める者
（同一の住所を有する者に限る）</td><td rowspan="2">氏名等</td><td colspan="2">申出者との関係</td><td>氏名</td><td>生年月日</td><td></td></tr>
<tr><td colspan="2"></td><td></td><td></td><td></td></tr>
<tr><td rowspan="6">所有固定資産</td><td></td><td>固定資産税事務における支援を求める市区町村名</td><td>土地・家屋の別</td><td>固定資産の所在</td><td></td></tr>
<tr><td>1</td><td></td><td></td><td></td><td></td></tr>
<tr><td>2</td><td></td><td></td><td></td><td></td></tr>
<tr><td>3</td><td></td><td></td><td></td><td></td></tr>
<tr><td>4</td><td></td><td></td><td></td><td></td></tr>
<tr><td>5</td><td></td><td></td><td></td><td></td></tr>
<tr><td rowspan="2">氏名等</td><td colspan="2">申出者との関係</td><td>氏名</td><td>生年月日</td><td></td></tr>
<tr><td colspan="2"></td><td></td><td></td><td></td></tr>
<tr><td rowspan="6">所有固定資産</td><td></td><td>固定資産税事務における支援を求める市区町村名</td><td>土地・家屋の別</td><td>固定資産の所在</td><td></td></tr>
<tr><td>1</td><td></td><td></td><td></td><td></td></tr>
<tr><td>2</td><td></td><td></td><td></td><td></td></tr>
<tr><td>3</td><td></td><td></td><td></td><td></td></tr>
<tr><td>4</td><td></td><td></td><td></td><td></td></tr>
<tr><td>5</td><td></td><td></td><td></td><td></td></tr>
<tr><td colspan="2">備考</td><td colspan="5"></td></tr>
</table>

（注）●「住民基本台帳事務における支援措置申出書」に記載の市区町村以外の市区町村に固定資産を所有している場合又は過去に所有していた場合で、当該固定資産所在市区町村に対しても支援措置に準じた支援の申出を行う場合に記入してください。
●太枠の中に記入してください。
●償却資産を所有する場合は、「土地・家屋の別」欄に「償却資産」と記入してください。
●納税通知書をお持ちの場合は、納税通知書を添付することにより、「土地・家屋の別」欄及び「固定資産の所在」欄の記入を省略して差し支えありません。
●本申出書に記載された固定資産が所在する市区町村に本申出書（「住民基本台帳事務における支援措置申出書」を含む。）の写しを送付します。ただし、所有する固定資産が特別区に所在する場合は、当該固定資産が所在する特別区を所管する都税事務所が送付先となります。

❼ マイナンバー制度について

マイナンバーとは，日本に住民票を有するすべての方（外国人の方も含まれます。）が持つ12桁の番号です。

マイナンバーは原則として生涯同じ番号を使います。

このため，マイナンバーが漏えいして不正に用いられるおそれがあると認められる場合を除いて，自由に変更することはできません。

法的根拠はマイナンバー法（行政手続における特定の個人を識別するための番号の利用等に関する法律）です。

関係法令として，次のものがあります。

マイナンバー法関係	1　行政手続における特定の個人を識別するための番号の利用等に関する法律の施行に伴う関係法律の整備等に関する法律（整備法） 2　内閣法等の一部を改正する法律（政府 CIO 法） 3　地方公共団体情報システム機構法
公金受取口座登録関係	1　デジタル社会形成基本法 2　デジタル庁設置法 3　デジタル社会の形成を図るための関係法律の整備に関する法律 4　預貯金者の意思に基づく個人番号の利用による預貯金口座の管理等に関する法律 5　公的給付の支給等の迅速かつ確実な実施のための預貯金口座の登録等に関する法律第10条の内閣総理大臣が指定する公的給付を定める告示
ガイドライン	特定個人情報の適正な取扱いに関するガイドライン（個人情報保護委員会） 1　特定個人情報の適正な取扱いに関するガイドライン（行政機関等・地方公共団体等編） 2　特定個人情報の適正な取扱いに関するガイドライン（事業者編） 3　金融業務における特定個人情報の適正な取扱いに関するガイドライン
預貯金口座個人番号利用申出関係	1　デジタル社会形成基本法 2　デジタル庁設置法 3　デジタル社会の形成を図るための関係法律の整備に関する法律 4　公的給付の支給等の迅速かつ確実な実施のための預貯金口座の登録等に関する法律

❼ マイナンバー制度について

1 マイナンバーの必要性

マイナンバーは，社会保障，税，災害対策の3分野で，複数の機関に存在する個人の情報が同一人の情報であることを確認するために活用されています。

マイナンバー以前は，国の行政機関や地方公共団体の機関内で，住民票コード，基礎年金番号，健康保険被保険者番号など，それぞれの番号で個人の情報を管理していて，機関をまたいだ情報のやりとりでは，氏名，住所などでの個人の特定に時間と労力を費やしていました。

社会保障，税，災害対策の3分野について，分野横断的なマイナンバーを導入するこ

とで，個人の特定を確実かつ迅速に行うことが可能になります。

つまり，マイナンバー制度が目指しているのは，「便利な暮らし，より良い社会」です。

加えて，行政が支援する際に，従来の書類だけで判断するのが難しかったケースについても，マイナンバー制度導入後は判断が容易になり，必要な人に必要な支援を行うことができるようになっています。

**マイナンバー制度は、
行政を効率化し、国民の利便性を高め、
公平・公正な社会を実現する社会基盤です。**

公平・公正な社会の実現
所得や他の行政サービスの受給状況を把握しやすくなるため、負担を不当に免れることや給付を不正に受けることを防止するとともに、本当に困っている方にきめ細かな支援を行うことができます。

行政の効率化
行政機関や地方公共団体などで、様々な情報の照合、転記、入力などに要している時間や労力が大幅に削減されます。
複数の業務の間での連携が進み、作業の重複などの無駄が削減されます。

国民の利便性の向上
添付書類の削減など、行政手続が簡素化され、国民の負担が軽減されます。
行政機関が持っている自分の情報を確認したり、行政機関から様々なサービスのお知らせを受け取ったりできます。

出典：総務省ホームページ（https://www.soumu.go.jp/kojinbango_card/01.html）

2 マイナンバーとマイナンバーカードのメリット

マイナンバーのメリットは，大きく3つあります。

① 行政事務を効率化し，人や財源を行政サービスの向上のために振り向けられることです。

② 社会保障・税に関する行政の手続で添付書類が削減されることやマイナポータルを通じて一人ひとりにあったお知らせを受け取ることができることや，各種行政手続がオンラインでできるようになることなど，国民の利便性が向上することです。

③ 所得をこれまでより正確に把握するとともに，きめ細やかな社会保障制度を設計し，公平・公正な社会を実現することです。

マイナンバーカードの具体的なメリットは以下の4つになります。

ア マイナンバーカードのおもて面は，運転免許証などと同様に本人確認書類として

　　使えます。

イ　コンビニなどで，住民票の写しや印鑑登録証明書を取得できます。

ウ　お買い物に使えるマイナポイントをもらえるようになります（2020年9月〜2022年9月申請分をもって終了）。

エ　健康保険証として使えるようになります。

3 マイナンバー（個人番号）カード

　マイナンバーカードはマイナンバー（個人番号）が記載された顔写真付のカードです。

　プラスチック製のICチップ付きカードで券面に氏名，住所，生年月日，性別，マイナンバー（個人番号）と本人の顔写真等が表示されます。

　本人確認のための身分証明書として利用できるほか，自治体サービス，e-Tax等の電子証明書を利用した電子申請等，様々なサービスにも利用できます。

マイナンバーカードの様式について

【おもて面】　　　　　　　　　　　　　【うら面】

出典：総務省ホームページ（https://www.soumu.go.jp/kojinbango_card/03.html）

（1）　マイナンバーカード1枚でできること

行政・民間の区分	できること	内容
行政・民間	マイナンバーを証明する書類として利用できます。	マイナンバーの提示が必要な様々な場面で，マイナンバーを証明する書類として利用できます。 ○券面を利用します。
行政・民間	本人確認の際の身分証明書として利用できます。	マイナンバーの提示と本人確認が同時に必要な場面では，これ1枚で済む唯一のカードです。金融機関における口座開設・パスポートの新規発給など，様々な場面で利用できます。 ○券面又は電子証明書を利用
行政・民間	様々なサービスがこれ1枚で一体化できます。	市区町村や国等が提供する様々なサービス毎に必要だった複数のカードがマイナンバーカードと一体化できます。 ※市区町村によりサービスの内容が異なります。 ○券面又は電子証明書又はアプリを利用
行政	コンビニなどで各種証明書が取得できます。	コンビニなどで住民票，印鑑登録証明書などの公的な証明書が取得できます（※コンビニ交付導入済の市区町村のみ）。 ○電子証明書又はアプリを利用

| 行政 | 各種行政手続のオンライン申請等に利用できます。 | マイナポータルへのログインをはじめ，各種の行政手続のオンライン申請等に利用できます。
○電子証明書を利用 |
| 民間 | 各種民間のオンライン取引等に利用できる見込みです。 | オンラインバンキングをはじめ，各種の民間のオンライン取引等に利用できるようになる見込みです。
○電子証明書を利用 |

(2)　マイナンバーカードの電子証明書とは

電子証明書は2種類です。

ア　署名用の電子証明書

インターネット等で電子文書を作成・送信する際に利用します。

電子申請（e-Tax 等）や民間オンライン取引（オンラインバンキング等）の登録などで利用できます。

マイナンバーカードを用いることで「作成・送信した電子文書が，あなたが作成した真正なものであり，あなたが送信したものであること」を証明することができます。

イ　利用者証明用の電子証明書

行政のサイト（マイナポータル等）やコンビニのキオスク端末等にログイン等をする際に利用します。

マイナンバーカードを用いることで「ログイン等した者が，あなたであること」を証明することができます。

(3)　情報連携に伴う省略可能な主な書類の例

マイナンバー制度の情報連携が実施されることに伴い，下表の申請項目に住民票の写し等が省略可能になります。

情報連携により，市民課窓口では住民票の写し，課税証明書等の交付件数が減少しています。

窓口に来られた市民が下記の次頁の表の手続きをしようとする場合は，住民票の写し等の書類が必要かどうか確認してください。

（参考）マイナンバー制度の情報連携に伴い省略可能な主な書類の例【年金関係手続以外】

○　番号利用法別表第2に規定されている行政機関等及び健康保険組合等の間で、同表の規定に基づき主務省令で定める事務に関し、当該事務を処理するために必要なものとして主務省令で定める特定個人情報について、情報連携が可能。

申請項目	申請先	省略可能な書類の例	申請項目	申請先	省略可能な書類の例
保育園や幼稚園等の利用に当たっての認定の申請(子ども・子育て支援法)[別表第2 116の項]	市町村	生活保護受給証明書	特別児童扶養手当の支給の申請(特別児童扶養手当等の支給に関する法律)[別表第2 66の項]	都道府県・市町村	住民票
		児童扶養手当証書			課税証明書
		特別児童扶養手当証書	障害福祉サービスの申請(障害者総合支援法)[別表第2 108の項]	市町村	住民票
		課税証明書			課税証明書
		障害者手帳			生活保護受給証明書
児童手当の申請(児童手当法)[別表第2 74の項]	市町村	課税証明書			障害者手帳
		住民票	障害者・児に対する医療費助成の申請(障害者総合支援法)[別表第2 108の項]	都道府県・市町村	住民票
奨学金の申請(独立行政法人日本学生支援機構法)[別表第2 106の項]	日本学生支援機構	生活保護受給証明書			課税証明書
		雇用保険受給資格者証			生活保護受給証明書
		障害者手帳			特別児童扶養手当証書
		課税証明書			障害者手帳
特別支援教育就学奨励費の申請(特別支援学校への就学奨励に関する法律)[別表第2 37の項]	都道府県教育委員会	住民票	介護休業給付金の支給の申請(雇用保険法)[別表第2 77の項]	ハローワーク	住民票
		課税証明書	保険料の減免申請(介護保険法)[別表第2 94の項]	市町村	住民票
		生活保護受給者証明書			課税証明書
児童扶養手当の申請(児童扶養手当法)[別表第2 57の項]	都道府県・市町村	住民票			生活保護受給証明書
		課税証明書	出産育児一時金の申請(健康保険法)[別表第2 2の項他]	健康保険組合等	住民票
		特別児童扶養手当証書	公営住宅の入居の申請(公営住宅法)[別表第2 31の項]	都道府県・市町村	住民票
		障害者手帳			課税証明書
生活保護の申請(生活保護法)[別表第2 26の項]	保護の実施機関(都道府県・市等)	課税証明書			生活保護受給証明書
		雇用保険受給資格者証			障害者手帳
		児童扶養手当証書			
		特別児童扶養手当証書			

（注）個別の事務手続の際には、各地方公共団体・行政機関のパンフレット・ホームページ等を必ずご確認ください。

出典：内閣官房番号制度推進室・総務省大臣官房個人番号企画室「マイナンバー制度による情報連携」令和2年5月

4　通知カード及び個人番号通知書

　通知カードは令和2年5月25日に廃止され、マイナンバーの通知は個人番号通知書を送付する方法により行われています。

　今回の変更は、通知カードの転居時等における記載事項の変更の手続が住民及び市区町村職員の双方に負担となっており見直しを求める要望があったことや、社会のデジタル化を進めるため紙製のカードから公的個人認証の電子証明書が搭載されたマイナンバーカードへの移行を早期に促していく観点から行われたものです。

　個人番号通知書は、令和2年5月25日以降、出生等によりマイナンバーが付番される方に郵送されています。

❼マイナンバー制度について

通知カードの様式について

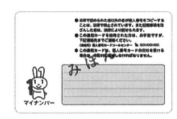

【おもて面】　　　　　　　　　　　【うら面】

出典：総務省ホームページ（https://www.soumu.go.jp/kojinbango_card/02.html#tsuchi）

個人番号通知書の様式について

令和 2 年 6 月 10 日発行
□□市長

個人番号通知書

個人番号　1234 5678 9012
氏　　名　番号 太郎
生年月日　令和 2 年 6 月 1 日

○　本通知書はあなたの個人番号(マイナンバー)をお知らせするためのものです。

○　本通知書は「マイナンバーを証明する書類」や「身分証明書」としては利用できません。「マイナンバーを証明する書類」が必要な場合には、マイナンバーカードをご提示いただくか、マイナンバー入りの住民票の写しまたは住民票記載事項証明書をご提出ください。

○　本通知書の再発行は行いません。

マイナンバーカードの申請について

○　マイナンバーカードの申請にはスマートフォンやタブレットによるオンライン申請が便利です。顔写真データをご準備のうえ、右記のQRコードを読み取ってください。

○　郵送によりマイナンバーカードを申請する場合には、同梱の封筒と交付申請書をご利用ください。その他の申請方法については同梱のパンフレットをご確認ください。

※　なお、マイナンバーカードを申請した場合、申請状況の問い合わせに必要なあなたの申請書IDは [1234 5678 9012 3456 7890 123] です。

○　マイナンバーカードの受け取りには本人確認が必要ですが、申請時に本人確認を行う場合には、本通知書を提示することで、手続が簡素化できる場合があります。マイナンバーカードの申請に関する詳細については、同梱のパンフレットまたはマイナンバーカード総合サイト（https://www.kojinbango-card.go.jp/）をご覧ください。

お問い合わせ先：0120-95-0178
（マイナンバー総合フリーダイヤル）
平日 9時30分～20時00分
土日祝9時30分～17時30分
（年末年始を除く）

出典：総務省ホームページ（https://www.soumu.go.jp/kojinbango_card/kojin_tsutisho.html）

マイナンバーカードと通知カード・個人番号通知書の比較表

	マイナンバーカード	通知カード	個人番号通知書
マイナポータルで子育てに関する行政手続	○	×	×
オンラインで確定申告	○	×	×
コンビニ等で住民票等の取得	○	×	×
バイト・就職のときのマイナンバーの提示	○	△ 通知カード（番号確認）と運転免許証（身元確認）	×

5　マイナンバーカードの安全性

　マイナンバーカードには，様々な安全対策を施していて，他人が悪用できないような仕組みになっています。

⑴　**マイナンバーカードの紛失・盗難時等は，24時間365日体制で一時利用停止受付**

　仮にカードを紛失した場合，マイナンバー総合フリーダイヤルに電話すれば，カードの一時利用停止を24時間365日体制で受け付けていますので，マイナンバーカードの第三者によるなりすまし利用を防止します。

⑵　**顔写真付きのため，悪用は困難**

　仮にカードを紛失しても，顔写真付きのため第三者が容易になりすますことはできません。

⑶　**裏面のマイナンバーを見られても，個人情報は盗まれません**

　マイナンバーを利用するには，顔写真付き本人確認書類などでの本人確認があるため，悪用は困難です。

⑷　**ICチップも万全のセキュリティ**

○ICチップには必要最小限の情報のみ記録され，税や年金などのプライバシー性の高い情報は記録されません。

○不正に情報を取得しようとする各種手法に対し，自動的に記録情報を消去する機能などの対策を講じています。

○アプリ毎・電子証明書毎に暗証番号が設定されているため，暗証番号を知らない第三者のなりすましは困難です。また，暗証番号は，入力を一定回数間違えると，機能がロックされます。

○ICカードのセキュリティの国際標準である「ISO/IEC15408認証」を取得しています。

※　総務省ホームページ（https://www.soumu.go.jp/kojinbango_card/03.html#security）を参照してください。

6　マイナポータル

　マイナポータルは，政府が運営するオンラインサービスです。子育てや介護をはじめとする，行政手続の検索やオンライン申請がワンストップでできたり，行政機関からのお知らせを受け取れたりする，自分専用のサイトです。

❼マイナンバー制度について

　マイナポータルはマイナンバーカードを利用してログインすることで様々なサービスを利用できます（一部の機能のご利用には，マイナンバーカードは不要です。）。

(1)　サービス検索・オンライン申請機能

　お住まいの市区町村の，子育てや介護をはじめとするサービスの検索やオンライン申請ができます。

(2)　自己情報表示

　行政機関等が保有するあなたの情報を検索して確認することができます。

(3)　お知らせ

　行政機関等から配信されるお知らせを受信することができます。

(4)　情報提供等記録表示（やりとり履歴）

　あなたの個人情報が，行政機関同士でどのようにやりとりされたかの履歴を確認することができます。

(5)　外部サイト連携

　外部サイトを登録することで，マイナポータルから外部サイトへのログインが可能になります。

(6)　民間送達サービスとの連携

　民間企業からのお知らせなどを，民間送達サービスを活用して受け取ることができます。民間送達サービスである「e-私書箱」や「MyPost」とマイナポータルを連携させることで，年末調整や確定申告の手続が簡便化されます。

(7)　法人設立ワンストップサービス

　法人設立に必要な諸手続をオンラインでまとめて行うことができます。

(8)　就労証明書作成コーナー

　認可保育所等の利用申込の際に必要となる「就労証明書」の様式を簡単に入手・作成することができます。

(9)　公金決済サービス

　マイナポータルの「お知らせ」から，ネットバンキング（ペイジー）やクレジットカードでの公金決済が可能となります。

⑽　**よくある質問／問い合わせ登録**
　操作方法に関するFAQを確認することや問い合わせができます。

⑾　**代理人**
　本人に代わって代理人がマイナポータルを利用できます。

⑿　**マイナンバーカードのパスワード変更**
　マイナンバーカードのパスワードのうち，利用者証明用電子証明書，署名用電子証明書，券面事項入力補助用の3種類について変更することができます。

❼マイナンバー制度について

⑧　窓口業務の一部委託について

1　窓口業務の一部委託とは

　市民課窓口業務の一部委託は，近年，多くの自治体で導入されている制度です。

　市民サービス向上を職員のみで進めている自治体と窓口業務の一部委託で進めている自治体がありますが，どちらで進めるのかは当該自治体の判断になります。

　この基礎知識編では，窓口業務の一部委託についても説明しています。

　窓口業務の一部委託とは，市区町村の住民基本台帳業務，印鑑登録証明業務，戸籍業務，国民健康保険業務，後期高齢者医療制度業務，納税証明書交付業務等の一部の業務を民間事業者に委託し，経費の節減，市民サービスの向上を進める手法です。

　令和3年7月に閣議決定された「公共サービス改革基本方針」では，「昨今の厳しい財政事情の中で，国民に対して，より良質かつ低廉な公共サービスの提供を目的とした公共サービス改革を推進することは，国及び地方公共団体を通じた我が国全体にとって喫緊かつ重要な課題の一つである。そのため，国又は地方公共団体が行っている公共サービスについて，競争を導入することにより，当該公共サービスの実施主体の切磋琢磨，創意工夫を促すとともに，事務又は事業の内容及び性質に応じた必要な措置を講ずることが重要である。

　以上の認識の下，「競争の導入による公共サービスの改革に関する法律」（平成18年法律第51号。以下「法」という。）に基づく取組については，国民の視点に立って，公共サービスの全般について不断の見直しを行い，その実施に関して，透明かつ公正な競争の下で民間事業者の創意と工夫を適切に反映させることにより，国民のため，より良質かつ低廉な公共サービスを実現することを目指すものとする。」と記載されています。

2　窓口業務の一部委託の目的等

⑴　経費の削減に向けた取組

　現在，多くの市区町村では限られた財源の中で，住民に対してより質の高い窓口サービスを提供することが求められています。

　窓口業務の一部委託は，市区町村の窓口サービスを向上しつつ，行政経費を削減できる取り組みです。

　経費の削減に向けた取組手順としては，以下になります。

○自治体職員が直接行っている窓口サービスについて，業務フローを作成するとともにコスト分析を行います。

○職員が行っている業務が公権力の行使に係る業務，受付・作業に係る業務かを分析

します。

○分析の結果，受付・作業に係る業務範囲を絞り，当該業務範囲で民間事業者への委託を検討し，「職員が行う場合の費用＞民間事業者が行う費用」であれば民間事業者への委託を検討することとなります。

　通常は，職員の人件費単価＞民間事業者の従業員人件費単価となっていますので，民間事業者の従業員人数が職員人数より少し多くても民間事業者のほうが安価になります。

　ただし，職員についても再任用職員，会計年度職員が多くいる職場では必ずしも民間事業者のほうが安価になることはないようです。

　この場合は，窓口業務のあり方や市民満足度の観点から当該市区町村が民間委託の導入について個別に検討することとなります。

(2)　窓口業務サービスの質の向上に向けた取組

　職員で行う窓口業務サービスの質については客観的な指標がありません。

　このため，窓口業務の一部委託を検討するにあたっては指標づくりから取り組む必要があります。

　指標としては，市民アンケートを元にした市民満足度調査による数値化があります。

　数値化の手順としては，職員が直営で市民課窓口を運営している場合の市民満足度アンケート調査を実施します。

　その後，窓口業務を委託した場合に，どの程度市民満足度を上昇することができるか，民間事業者へのヒアリングや他都市事例を参考にしながら，目標とする満足度を設定します。

　「職員が行う窓口業務の満足度＜民間事業者が行う窓口業務の満足度」であれば民間事業者への委託が有効と考えられます。

　今までの実例では，民間事業者への委託を行った結果，アンケートによる市民満足度が10ポイント以上上昇したケースもあります。

　民間事業者は，フロアマネージャーの設置，待合室での市民への説明など職員が通常行わないことを提案してきますので，一般的に，職員が行う窓口サービスよりも市民の満足度は高くなります（通常，窓口業務の一部委託を行うことにより，市民の待ち時間は長くなる傾向がありますが，市民満足度は応接対応の向上により上昇するケースが多くなります。）。

　なお，民間事業者に求める窓口サービスの市民満足度指標は仕様書に盛り込むことが望まれます。

(3)　その他，自治体が考えている窓口業務の民間委託の目的

ア　職員の適正配置

　窓口業務の民間事業者委託を契機に，市区町村が引き続き行うべき業務領域は何

かを精査し，市区町村が重点的に取り組むべき，戦略的かつやりがいのある事業に集中させる等により，職員の適正配置を推進することができます。

イ　民間の専門知識の活用

民間事業者が高度なノウハウを保有する分野については，その効果を最大限引き出す必要があります。一方，職員は，必要な環境整備を図るとともに，民間事業者との連携推進や適切な管理監督を実施する能力の蓄積が求められています。

ウ　業務改善・業務改革の推進

職員による窓口業務運営では，判断基準がベテラン職員の経験と知識に依存するケースが多くなり，マニュアルや業務手順書が追い付かない状況も見受けられます。窓口業務の民間事業者委託の検討を契機に，マニュアルの整備や業務手順の見直しを進めることにより，公共サービスのレベルの高度化・均質化を図るとともに，業務運営の効率化や透明性を向上させるなど業務改善・業務改革を推進できることが考えられます。

エ　地域経済の活性化

窓口業務の民間事業者委託に伴う公共サービスの民間開放を通じて，民間事業者の業務領域の拡張や地域雇用の拡大が期待されます。さらに，市区町村内に業務拠点がある民間事業者や，地元雇用に積極的な民間事業者を優先的に採用できる仕組みについて検討し，地域経済の活性化や雇用の創出ができます。

3　総務省通知で示された民間事業者に委託可能な窓口業務の内容等

総務省通知において整理された民間委託可能な窓口業務の概要は次のとおりとなっています。

令和元年6月24日一部改定，市町村の適切な管理のもと市町村の判断に基づき民間事業者の取扱いが可能な窓口業務（https://www.soumu.go.jp/main_content/000628969.pdf）

事項名	民間事業者の取扱いが可能な業務	担当省
住民異動届	1　住民異動届の受付に関する業務 ・届出人の確認，届出書の記載事項，添付書類の確認 2　住民票の記載に関する業務 ・住民票の記載のみならず，電算化されている場合には，端末の入出力の操作を含む。 3　転出証明書の作成に関する業務 ・転出証明書の作成のみならず，電算化されている場合には，端末の入出力の操作を含む。 4　転出証明書の引渡し業務 5　その他，事実上の行為又は補助的業務 ※ただし，住民基本台帳ネットワークシステムについては，民間事業者の取扱いは認められない。	総務省

住民票の写し等の交付	1　住民票の写し等の交付請求の受付に関する業務 　・請求者の確認，請求書の記載事項，添付書類の確認 　・第三者（自己又は自己と同一の世帯に属する者以外の者）からの請求の受付も含む。 2　住民票の写し等の作成に関する業務 　・住民票の写し等の作成のみならず，電算化されている場合には，端末の入出力の操作を含む。 3　住民票の写し等の引渡し業務 4　その他，事実上の行為又は補助的業務 ※ただし，住民基本台帳ネットワークシステムについては，民間事業者の取扱いは認められない。	総務省
除票の写し等の交付	1　除票の写し等の交付請求の受付に関する業務 　・請求者の確認，請求書の記載事項，添付書類の確認 　・第三者（自己以外の者）からの請求の受付も含む。 2　除票の写し等の作成に関する業務 　・除票の写し等の作成のみならず，電算化されている場合には，端末の入出力の操作を含む。 3　除票の写し等の引渡し業務 4　その他，事実上の行為又は補助的業務 ※ただし，住民基本台帳ネットワークシステムについては，民間事業者の取扱いは認められない。	総務省
戸籍の附票の写しの交付	1　戸籍の附票の写しの交付請求の受付に関する業務 　・請求者の確認，請求書の記載事項，添付書類の確認 　・第三者（本人，配偶者，直系尊属及び直系卑属以外の者）からの請求の受付も含む。 2　戸籍の附票の写しの作成に関する業務 　・戸籍の附票の写しの作成のみならず，電算化されている場合には，端末の入出力の操作を含む。 3　戸籍の附票の写しの引渡し業務 4　その他，事実上の行為又は補助的業務	総務省
戸籍の附票の除票の写しの公布	1　戸籍の附票の除票の写しの交付請求の受付に関する業務 　・請求者の確認，請求書の記載事項，添付書類の確認 　・第三者（本人，配偶者，直系尊属及び直系卑属以外の者）からの請求の受付も含む。 2　戸籍の附票の除票の写しの作成に関する業務 　・戸籍の附票の除票の写しの作成のみならず，電算化されている場合には，端末の入出力の操作を含む。 3　戸籍の附票の除票の写しの引渡し業務 4　その他，事実上の行為又は補助的業務	総務省
地方税法に基づく納税証明書の交付	以下の事実上の行為又は補助的な作業については，別途発出する通知に従い，市町村の適切な管理のもと（庁舎内）において，個人情報保護に留意しつつ，民間事業者に取り扱わせること。 1　証明書の交付請求の受付に関する業務 　・請求者の確認，請求書の記載事項の確認 2　証明書の作成に関する業務 　・証明書の作成及び作成に係る端末の入出力の操作 3　証明書の引渡し業務 4　その他，事実上の行為又は補助的業務 ※証明書の作成に係る端末の入出力については，守秘性の高い税務システムを操作することから証明書作成に限定したアクセスに制限する等の策を講じる必要がある。	総務省

❽ 窓口業務の一部委託について

戸籍の届出	1　戸籍の各届出の受付に関する業務 ・届出人の確認，届書の記載事項及び添付書類の確認 2　戸籍の記載に関する業務 ・戸籍の記載のみならず，電算化されている場合には，端末の入出力の操作を含む。 3　その他，事実上の行為又は補助的業務 ※ただし，1の届出人の本人確認業務のうち，戸籍法施行規則第53条の2において準用する第11条の2第3号に規定する本人確認（問を発してする本人確認）については，市町村職員の裁量的判断を伴うものであるため，民間事業者に委託することが可能となる業務の範囲に含まれない。 　また，2の戸籍の記載業務（端末操作を含む。）のうちの移記事項の記載については，移記を要するか否かにつき，法令・通達等に照らして明白ではなく，高度な判断を要する場合には，市町村職員においてその判断をして，記載する必要があるため，民間事業者に委託することが可能となる業務の範囲に含まれない。	法務省
戸籍謄抄本等の交付	1　戸籍謄抄本等の交付請求の受付に関する業務 ・請求者の確認，請求書の記載事項及び添付書類の確認 ・第三者（本人，配偶者，直系尊属及び直系卑属以外の者）からの請求の受付も含む。 2　戸籍謄抄本等の作成に関する業務 ・戸籍の謄抄本等の作成のみならず，電算化されている場合には，端末の入出力の操作を含む。 3　戸籍謄抄本等の引渡し業務 4　その他，事実上の行為又は補助的業務 ※ただし，1の請求者の本人確認業務のうち，戸籍法施行規則第11条の2第3号に規定する本人確認（問を発してする本人確認）は，市町村職員の裁量的判断を伴うものであるため，民間事業者に委託することが可能となる業務の範囲に含まれない。	法務省
中長期在留者に係る住居地の届出	1　住居地の届出の受付に関する業務 ・届出人の確認，届出書の記載事項及び添付書類の確認 ・代理人からの届出の受付も含む。 2　在留カードへの住居地の記載に関する業務 ・在留カードへの記載のみならず，電算化されている場合には，端末の入出力の操作を含む。 3　在留カードの返還に関する業務 4　その他，事実上の行為又は補助的業務 ※ただし，出入国管理及び難民認定法第61条の8の2に規定する通知及び出入国管理及び難民認定法施行令第2条に規定する伝達に係る業務については，民間事業者の取扱いは認められない。	法務省
特別永住許可等の申請，住居地等の届出及び特別永住許可書等の交付	1　申請・届出の受付に関する業務（日本国との平和条約に基づき日本の国籍を離脱した者等の出入国管理に関する特例法第4条第4項に規定する審査を除く。） ・申請者・届出人の確認，申請書・届出書の記載事項及び添付書類の確認 ・代理人及び取次者（ただし，日本国との平和条約に基づき日本の国籍を離脱した者等の出入国管理に関する特例法施行規則第17条第2項第1号に該当する場合に限る。）からの申請・届出の受付も含む。 2　特別永住者証明書への住居地及び交付年月日の記載に関する業務 ・特別永住者証明書への記載のみならず，電算化されている場合には，端末の入出力の操作を含む。	法務省

	3　特別永住許可書及び特別永住者証明書の交付（特別永住者証明書については再交付を含む。），特別永住者証明書の返還及び失効した特別永住者証明書の返納に関する業務 4　その他，事実上の行為又は補助業務 ※ただし，出入国管理及び難民認定法第61条の8の2及び日本国との平和条約に基づき日本の国籍を離脱した者等の出入国管理に関する特例法施行令第2条に規定する通知並びに同施行令第3条に規定する伝達に係る業務については，民間事業者の取扱いは認められない。	
転入（転居）者への転入学期日及び就学すべき小・中学校の通知（教育委員会から市町村に事務委任されている場合）	1　学齢簿への記載に関する業務 ・学齢簿への必要事項の記入のみならず，電算化されている場合には，端末の入出力の操作を含む。 2　入学すべき小・中学校等の保護者への通知文書の作成に関する業務 ・通知文書への必要事項の記入のみならず，電算化されている場合には，端末の入出力の操作を含む。 3　入学すべき小・中学校等の保護者への通知文書の引き渡し業務 4　その他，事実上の行為又は補助的業務 ※ただし，学校教育法施行令第6条第1項において準用する第5条第1項に規定する入学すべき小・中学校等の保護者への通知に係る文書の引き渡し業務については，事前に教育委員会と保護者との間で調整がなされ，就学すべき学校の指定の変更の申立等が行われないことが明らかな場合に限る。	文部科学省
埋葬・火葬許可	1　埋葬・火葬許可申請書の受付に関する業務 ・申請者の確認，申請書の記載事項，添付書類の確認 2　埋葬・火葬許可証の作成に関する業務 ・埋葬・火葬許可証の作成のみならず電算化されている場合には，端末の入出力の操作を含む。 3　埋葬・火葬許可証の引渡し業務 4　その他，事実上の行為又は補助的業務	厚生労働省
国民健康保険関係の各種届出書・申請書の受付及び被保険者証等の交付	1　各種届出書・申請書の受付 ・届出者・申請者の確認，届出書・申請書の記載事項及び添付書類の確認 2　被保険者台帳等への記載に関する業務 ・被保険者台帳等への記載のみならず，電算化されている場合には，端末の入出力の操作を含む。 3　被保険者証等の作成に関する業務 ・被保険者証等の作成のみならず，電算化されている場合には，端末の入出力の操作を含む。 4　被保険者証等の引渡し業務 5　その他，事実上の行為又は補助的業務	厚生労働省
後期高齢者医療制度関係の各種届出書・申請書の受付及び被保険者証等の交付	1　各種届出書・申請書の受付 ・届出者・申請者の確認，届出書・申請書の記載事項及び添付書類の確認 2　被保険者台帳等への記載に関する業務 ・被保険者台帳等への記載のみならず，電算化されている場合には，端末の入出力の操作を含む。 3　被保険者証等の作成に関する業務 ・被保険者証等の作成のみならず，電算化されている場合には，端末の入出力の操作を含む。 4　被保険者証等の引渡し業務 5　その他，事実上の行為又は補助的業務	厚生労働省

❽ 窓口業務の一部委託について

介護保険関係の各種届出書・申請書の受付及び被保険者証等の交付	1　各種届出書・申請書の受付 •届出者・申請者の確認，届出書・申請書の記載事項及び添付書類の確認 2　被保険者台帳等への記載に関する業務 •被保険者台帳等への記載のみならず，電算化されている場合には，端末への入出力の操作を含む。 3　被保険者証等の作成に関する業務 •被保険者証等の作成のみならず，電算化されている場合には，端末の入出力の操作を含む。 4　被保険者証等の引渡し業務 5　その他，事実上の行為又は補助的業務	厚生労働省
国民年金関係（老齢福祉年金等，特別障害給付金及び年金生活者支援給付金も含む。）の各種届出書・申出書・申請書・請求書の受付	1　届出書・申出書・申請書・請求書（以下「届出書等」という。）の受付に関する業務 •届出者等の確認，届出書等の記載事項，添付書類の確認 2　受付処理簿に記載する業務 •受付処理簿の記載のみならず，電算化されている場合には，端末の入出力の操作を含む。 3　届出書等の報告・送付に関する業務 •届出書等の件名ごとに区分，送付書の作成，書類の送付 4　その他，事実上の行為又は補助的業務	厚生労働省
妊娠届の受付及び母子健康手帳の交付	1　妊娠届の受付に関する業務 •届出者の確認，届出書の記載事項の確認，添付書類の確認 2　母子健康手帳の引渡し業務 3　その他，事実上の行為又は補助的業務 ※母子保健法に基づく保健指導等の適切な実施を図るため，妊娠届を受理した際には，すべてのケースを保健師につなぎ，保健師がすべてのケースを把握すること。	厚生労働省
飼い犬の登録	1　飼い犬の登録に関する申請の受付に関する業務 •申請者の確認，申請書の記載事項の確認 2　原簿への記載 •原簿への記載のみならず電算化されている場合には，端末の入出力の操作を含む。 3　犬鑑札の引渡し業務 4　その他，事実上の行為又は補助的業務	厚生労働省
狂犬病予防注射済票の交付	1　狂犬病予防注射済票の交付に関する受付業務 •狂犬病予防注射済証等の確認（交付及び再交付に際し，申請書の提出を求めている場合は，申請者の確認，記載事項の確認を含む。） 2　狂犬病予防注射済票の引渡し業務 3　その他，事実上の行為又は補助的業務	厚生労働省
児童手当の各種請求書・届出書の受付	1　児童手当の各種請求書・届出書の受付に関する業務 •請求人の確認，請求書の記載事項，添付書類の確認 2　受給者台帳等への記載に関する業務 •受給者台帳等への記載のみならず，電算化されている場合には，端末の入出力の操作を含む。 3　通知書等の作成に関する業務 •認定通知書，却下通知書等の作成のみならず，電算化されている場合には，端末の入出力を含む。 4　通知書等の送付に関する業務 5　その他，事実上の行為又は補助的業務	内閣府
精神保健及び精	1　精神障害者保健福祉手帳交付申請書の受付に関する業務	厚生労働省

神障害者福祉に関する法律に基づく精神障害者保健福祉手帳の交付（市町村の経由事務）	・申請者の確認，申請書の記載事項，添付書類の確認 ・本人以外（保護者等）からの申請の受付も含む。 2　精神障害者保健福祉手帳の引渡し業務 3　その他，事実上の行為又は補助的業務 ※精神障害者保健福祉手帳の交付は，都道府県（指定都市）の事務であるが，上記業務については，精神保健及び精神障害者福祉に関する法律施行令第6条の2に基づき，市町村を経由して行うこととされている。	
身体障害者福祉法に基づく身体障害者手帳の交付（市町村の経由事務）	1　身体障害者手帳交付申請書の受付に関する業務 ・申請者の確認，申請書の記載事項，添付書類の確認 ・本人以外（保護者等）からの申請の受付も含む。 2　身体障害者手帳の引渡し業務 3　その他，事実上の行為又は補助的業務 ※身体障害者手帳の交付は，都道府県（指定都市及び中核市）の事務であるが，上記業務については，身体障害者福祉法施行令第4条に基づき，市町村を経由して行うこととされている。	厚生労働省
療育手帳の交付（市町村の経由事務）	1　療育手帳交付申請書の受付に関する業務 ・申請者の確認，申請書の記載事項，添付書類の確認 ・本人以外（保護者等）からの申請の受付も含む。 2　療育手帳の引渡し業務 3　その他，事実上の行為又は補助的業務 ※療育手帳の交付は，都道府県（指定都市）の事務であるが，上記業務については，療育手帳制度要綱第5の1に基づき，市町村を経由して行うこととされている。	厚生労働省
道路運送車両法に基づく自動車の臨時運行許可	1　臨時運行許可申請書の受付に関する業務 ・申請者の確認，申請書の記載事項，添付書類の確認 2　臨時運行許可証の作成に関する業務 ・臨時運行許可証の作成のみならず，電算化されている場合には，端末の入出力の操作を含む。 3　臨時運行許可証の引渡し及び臨時運行許可番号標の貸与業務 4　臨時運行許可証及び臨時運行許可番号標の返納の受付業務 5　臨時運行許可証及び臨時運行許可番号標の返納がない場合における督促に関する業務 ・電話等による催告業務 6その他，事実上の行為又は補助的業務	国土交通省

4　窓口業務の一部委託に際して留意すること

　窓口業務の一部委託をする際には，労働者派遣に該当しない態様によって委託の契約を締結し，遂行する必要があります。

　委託を行う際には偽装請負等に該当しないよう次のことに留意する必要があります。

○十分な業務遂行能力を有する民間事業者を選定する必要があります。

○明確に職員と委託業者の業務範囲を分けることが必要です。

○職員と委託業者の執務スペースや導線，休憩場所も明確に分けることが求められます。

○事業の始期における職員から委託業者への引継ぎを十分に行うことが求められます。

○委託業者の業務遂行中に職員が関与しない仕組みを作ります。

○特に問題となるのが委託業者と職員の書類等の引継ぎです。職員から個々の委託業者

への指示にならないよう，引継ぎボックスで書類を引き継ぐ，偽装請負が疑われるような職員と委託業者社員は会話をしない，必要な連絡は職員と委託業者のマネージャーを通して行うなどの対応が求められます。

5　請負（委託）と労働者派遣事業との違い

　請負とは，労働の結果としての仕事の完成を目的とするもの（民法第632条）ですが，労働者派遣との違いは，請負には，注文主と労働者との間に指揮命令関係が生じないという点です。

○請負（窓口業務の一部委託を含む）

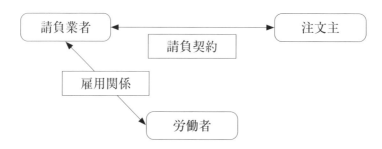

○労働者派遣事業

　労働者派遣事業とは，派遣元事業主が自己の雇用する労働者を，派遣先の指揮命令を受けて，この派遣先のために労働に従事させることを業として行うことをいいます。

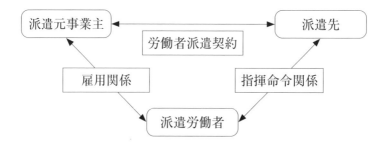

○偽装請負

　市民課における偽装請負とは，市区町村が委託業者と窓口業務の一部委託を請負契約として締結しているにもかかわらず，実質的に労働者派遣事業のように委託業者社員に対して指揮・命令を行う行為です。

　偽装請負は労働者派遣法及び職業安定法により禁止されています。

　偽装請負を防ぐためには，以下の方法が必要です。

①市民課の業務を十分理解している委託業者を選定することが必要です。

②市民課窓口業務を標準化・マニュアル化を行い，その内容を委託業者と共有することにより，委託業者社員が職員に指示仰ぐことや，職員からの指揮・命令を行わな

い体制をとることが必要です。

③業務にかかる机・椅子・動線も含めて委託業者エリアと職員エリアを分け，物理的に職員からの指揮・命令が行えない物理的環境づくりも大切です。

④月1回程度，市民課と委託業者で偽装請負防止会議を開催し，偽装請負と疑われるケースがあるのかお互いにチェックすることは有効な方策です。

⑤年に2回程度，偽装請負防止研修を職員や委託業者社員に対して行い，お互いの意識向上に努めることも有効な方策です。

■著者略歴

横関　進（よこぜき　すすむ）

○ 1957 年生まれ。

○ 1979 年に尼崎市役所に入り，市民課窓口係・戸籍係・住民記録係を経験

○ 1984 年に尼崎市住民記録システムの開発に従事し，1987 年には全国で初めて戸籍総合管理システム（戸籍事務の一部処理システム）を設計・開発しました。（COBOL 等の言語で自主開発）

　開発・運用にあたって，法務局への認容申請，システム運用を行いました。

　全国でこの戸籍総合管理システムの説明会・講演会を行いました。（後日，尼崎市は法務大臣表彰を受賞）

　各システムベンダーは著者が開発したシステムを参考に戸籍総合システムを開発し，結果として当該システムは全国に普及しました。その一部は現在の戸籍情報システムに引き継がれています。

○その後，企画財政局，市長公室，都市局，産業経済局などを経験しました。

○ 2012 年 4 月から市民サービス部長

　市民サービス部長としての在職中には，

• 外国人登録制度から新しい住民基本台帳制度への移行の推進
• コンビニによる証明書交付の実施
• 市民課・サービスセンターの窓口業務の一部委託の実施
• 住民記録システム，国民健康保険システム，国民年金システム，後期高齢者医療制度システム等の基幹システムを汎用コンピューターからパッケージシステムへ移行するオープン化を推進
• 事前登録型本人通知制度の実施
• マイナンバー制度対応の実施等　を行いました。

○ 2017 年 3 月末に尼崎市役所を定年退職

○退職後は，㈱自然楽社を設立し，無農薬養蜂のハチミツづくりやハンドクリームづくり講座などを行っています。

https://hachimitu.raku-uru.jp/　メール　honey@sizenrakusha.com

　また，丹波篠山市ソフトテニス協会会長として地元の中学生・高校生にソフトテニスも教えています。

フローチャートでよくわかる
市民課窓口マニュアル

2022年9月8日　初版発行

著　者　横　関　　　進
発行者　和　田　　　裕

発行所　日本加除出版株式会社
本　　社　〒171-8516
　　　　　東京都豊島区南長崎3丁目16番6号

組版・印刷　㈱亨有堂印刷所　　製本　藤田製本㈱

定価はカバー等に表示してあります。
落丁本・乱丁本は当社にてお取替えいたします。
お問合せの他、ご意見・感想等がございましたら、下記まで
お知らせください。

〒171-8516
東京都豊島区南長崎3丁目16番6号
日本加除出版株式会社　営業企画課
電話　　03-3953-5642
FAX　　03-3953-2061
e-mail　toiawase@kajo.co.jp
URL　　www.kajo.co.jp

© 2022
Printed in Japan
ISBN978-4-8178-4828-4